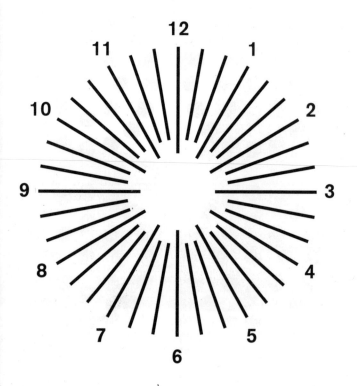

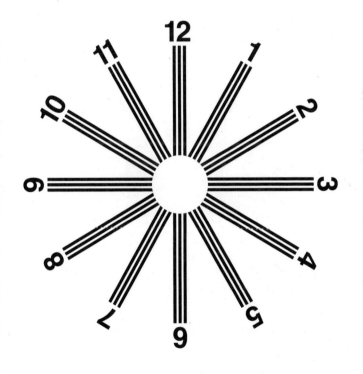

BODY
BOOK

바디 북   몸, 욕망과 문화에 관한 사전
Body Book   Dictionary of Body, Desire & Culture

propaganda

차례

서문

몸, 빛과 그림자, 들숨과 날숨, 형태와 움직임, 무거움과
가벼움, 표정, 표정들, 구멍, 구멍들, 조직되는 몸, 기관
없는 몸, 살, 피, 뼈, 털, 땀, 고름, 열, 섹스, 웃음, 눈물,
관리, 감시, 통제, 퉤! 반항, 순종, 실종, 비밀, 오줌, 탄생,
똥, 죽음, 폐색, 발파, 상처, 접촉, 접촉! 비밀, 귀환,
노래, 상승, 한숨, 침묵, 맥박, 두통, 복통, 허기, 체기,
먼눈, 뜬눈, 꿈, 미로, 회로, 춤, 망각, 기억, 마비, 전율,
뛰기, 뻗기, 서기, 기기, 추락, 환호, 비통, 먼지, 별, 전생,
후생, 억겁, 찰나, 나, 너, 혼자, 우리, 시간, 공간, 사이,
간극, 벗어나기, 벌어지기, 열거하기, 종합하지 않기,
요약되지 않기, 빠져나가기, 끝없이 이어지기, 한없이
모자라기, 납작해지기, 구불거리기, 가장 멀리서 오기,
지금—여기로 오기, 너무 늦게 오기, 결코 오지 말기,
대답이 되기, 아니 질문이 되기, 비틀비틀, 인간이
아니기, 인간이기, 느끼기, 말하기, 차라리 더듬거리기,
몸은 영혼의 딸꾹질, 한없이 딸꾹질하기, 불가능한
것을 말하기, 말하는 것을 불가능하게 하기, 딸꾹,
딸꾹, 끊어지며 잇기, 있기, 눈 위에 점점이 새겨지는
묻혀 가는 사라지는 녹는, 발자국, 걷는 발바닥의 가는
후렴구, 그것이 너의 영토, 몸의 기분, 리듬의 승리,
그러므로 열거하기, 중얼거리며, 계속 열거하기, 몸들,
끝없이, 끝없는, 텍스트. *

이 책은 몸에 관한 단어를 담는다. 한국어, 영어 단어를 수집하고
정리한 몇 명의 편집자 외에 서평가 금정연, 번역가 김예령, 퀴어
연구자 루인, 심리학 연구자 박진영, 그래픽 디자이너 양민영,
칼럼니스트 은하선, 음악가 이랑, 소설가 한유주, 시인 황인찬, 에디터
황효진이 참여했다.

---

* 　김예령, 이 책의 '몸' 항목

가슴

남성의 경우에는 '머리'나 '배'처럼 그야말로 신체 일부를 지칭하는 말에 지나지 않지만, 여성의 가슴은 성기와 더불어 신체 부위 중 가장 주목받는 곳이자 불쾌한 판타지가 섞인 시선을 감당해야 하는 곳이다. 역사적으로 여성의 가슴은 브래지어를 이용해 존재한다는 사실을 가리고, 겉옷을 걸친 후에는 브래지어를 했다는 사실조차 또 한 번 숨겨야 하는 제약을 겪어 왔다. 그럼에도 "목젖 밑의 흉골의 중심과 유두를 연결한 라인이 정삼각형을 이루는" 가슴이 가장 예쁘다고 정의하는 대한민국 보건복지부를 비롯하여 자기 것이라도 되는 양 과도한 관심을 갖는 이들이 많다.[*] 가령 어떤 남성은 여성이 서로의 가슴 크기를 비교하며 시기하고 질투할 것이라는 환상에 빠져 있는데, 가슴의 크기란 남성의 시각에서나 중요할 뿐 여성 스스로 작다고 해서 주눅이 늘거나 크다고 해서 으스대는 일은 결코 벌어지지 않는다. 크든

작든 무더운 여름에도 브래지어 때문에 땀을 한 바가지는 더 흘려야 할 때, 브래지어의 와이어가 가슴 정중앙을 눌러 대는 바람에 체할 것 같은 기분이 들 때, 똑같이 분노한다. 그 때문에 최근에는 집 밖에서도 브래지어를 착용하지 않는 여성들이 늘고 있다. 시원하고 편안할뿐더러 엄청난 혁명가가 된 듯한 기분 역시 느낄 수 있다.
[황효진]

간

성인의 경우 무게가 약 1,500g에 달할 정도로 내장 기관 중 가장 큰 암적색의 장기. 복부 맨 위쪽인 우상 복부에 위치한다. 혈액 저장 및 여과, 혈중 단백질 합성, 비타민과 당원의 합성과 저장 및 유리, 노쇠한 적혈구 및 이물질의 탐식 작용, 독성 물질의 해독, 쓸개즙 생성 등의 기능을 한다. 감각 신경이 없어 통증을 느끼지 못해 '침묵의 장기'라고도 불린다. 간에 이상이 생기면 다양한 증상을 호소하게 되는데 가장 흔한 것이 피로감이다. 2011년 축구

---

[*] <정부 운영 국가건강정보포털에 '아름다운 여성 가슴 조건' 논란>, 《경향신문》, 2016년 8월 4일.

선수 차두리를 모델로 한 자양 강장제 '우루사'의 광고는 "간 때문이야"라는 카피로 인기를 끌었다.

감정

감정, 감각이 발생하고 소멸할 때 나타나는 무형의 것. 흔히 다채롭다고 일컬어지는 감정에는 무수히 많은 명사들이 속해 있다. 사랑, 미움, 분노, 증오, 다시 사랑, 그리움, 분노, 증오, 아쉬움, 애틋함, 다시 사랑, 미움, 분노, 증오. 그러나 감정에는 아직 호명되지 않은 무수히 많은 것들이 있다. 혹은 이름을 붙일 수 없는 것들이, 단순한 명사로 고정시킬 수 없는 수많은 것들이. 감정, 어쩌면 감각과 동시에 발생하는 무형의 것. 흔히 무디다고도 설명된다. 이 경우, 감정의 아강(亞綱)들은 무뎌지고 흐려져 사랑과 미움과 분노와 증오와 아쉬움과 애틋함과 다시 사랑 사이에 아무런 차이도 남지 않게 된다. 감정, 시시각각 달라지는 무형의 것. 감정, 모든 사람들이 저마다 자신만의 용법으로 판단하고 사용하는 단어. 그럴 수밖에 없는 단어.
[한유주]

강간문화

강간문화(rape culture)는 강간이 만연한 환경, 여성을 대상으로 하는 성폭력을 대수롭지 않은 일로 치부하는 사회 문화적 분위기를 말한다. 이는 여성 대부분을 강간에 대한 일상적인 두려움으로 밀어 넣음으로써 그들의 움직임을 제한하고, 여성에 대한 남성의 권위를 강화한다. "강간문화는 여성혐오 언어의 사용, 여성의 몸을 대상화하는 시선, 성폭력을 미화하는 태도를 통해서 지속되며, 그럼으로써 여성의 권리와 안전을 경시하는 사회를 낳는다. 강간문화는 모든 여성에게 영향을 미친다. 대부분의 성인 여성과 여자아이는 강간을 염려하여 자신의 행동을 제약한다. 대부분의 성인 여성과 여자아이는 강간을 두려워하면서 살아간다. 남자들은 일반적으로 그렇지 않다. 따라서 강간은 여성 인구 전체가 남성 인구 전체에게 종속된 위치에 머물도록 만드는 강력한 수단으로 기능한다. 대부분의 남자들은 강간을 저지르지 않고 대부분의 여자들은 강간 피해자가 되지

감정
[상] 비통한 감정을 나타내는 얼굴들.
[하] 우쭐하고 떨떠름한 표정들. 찰스 다윈, 《인간과 동물의 감정 표현
(The Expressions of the Emotions in Man and Animals)》, 1872, 런던.

않는데도 말이다." *

거북목증후군

의사는 내게 거북목
증후군이라고 말했다. 나는
그게 무엇이냐고 물었다. 목을
앞으로 뺀 자세가 거북목이다,
더 자세히 설명하면 전체 목뼈
수가 7개인데 정상적으로는
귀가 어깨뼈봉우리와 같은
수직면 상에 있고 7개의
목뼈는 앞쪽으로 볼록하게
휘어서 배열되어 있다, 이를
경추 전만이라고 한다, 거북목
자세란 아래쪽 목뼈는 과하게
구부러지는 방향으로 배열되고
위쪽 목뼈와 머리뼈는 머리를
젖히는 방향으로 배열되어
전체적으로 목뼈 전만이
소실되고 머리가 숙여지지
않은 상태에서 고개가 앞으로
빠진 자세이다, 라고 의사는
말했다. 나는 이해할 수 없었다.
목을 앞으로 뺀 자세가 어딜
봐서 거북과 닮았다는 말인가?
늘어나기도 하고 휘어지기도
하겠지만 무엇보다 위험하거나
귀찮은 상황에 처했을 때
움츠려서 몸통 속으로 얼굴을
숨기는 것이 거북의 목이다. 나도

그럴 수만 있다면 늘 숨기고 다닐
텐데. [금정연]

거인

몸집이 아주 큰 사람을 뜻한다.
신화나 민담에 초인적인 힘을
발휘하는 거대한 존재로
자주 등장한다. '빅풋', '삼미터
인간' 등 실제로 거인을
목격했다는 괴담이 떠돌기도
한다. 학계에서는 지적 성과를
이룩하고 축적한 선대 학자들을
비유하는 말로 종종 쓰인다.
병리학적으로 거인은 뇌하수체
이상으로 성장 호르몬이 과다
분비되는 질병을 뜻하는 '거인증'
환자로 볼 수 있다.

게이

남성 동성애자를 일컫는
말. 때때로 동성애자 모두를
지칭하기도 한다. 게이(gay)는
'명랑한', '즐거운'을 뜻하는
형용사였다. 이를 당사자가
스스로를 지칭하는 말로 사용한
것인데, 지금은 그 사전(辭典)적
위상이 뒤바뀌었다. 게이의
섹스 포지션을 지칭하는 은어로
탑(top)과 바텀(bottom)이 있다.
탑은 성교 시 삽입하는 것을

* 리베카 솔닛, 《남자들은 자꾸 나를 가르치려 든다》, 김명남 옮김, 창비, 2015, 191쪽.

거인
[상] 1970년대 초부터 80년대 말까지 활약했던 미국의 프로 레슬링 스타 앙드레 더 자이언트 (André the Giant). 어린 시절 거인병으로 고통을 겪었다.
[하] 첨세채(詹世釵, 1841~93). 비공식 최장신으로 키가 3미터에 달했다고 전해진다. 청나라를 떠나 "중국에서 온 거인"(Chang the Chinese Giant)이라 불리며 세계 곳곳을 순회했다.

게이

«데어 아이게네(Der Eigene)»는 세계 최초의 게이 잡지다. 독일 베를린에서 1896년부터
1932년까지 발간됐다. 테오도어 레싱(Theodor Lessing), 클라우스 만(Klaus Mann),
토마스 만(Thomas Mann) 등 다수의 작가와 예술가가 참여했다. «Der Eigene» vol.10, 1924–25.

선호하는 사람, 바텀은 성교
시 삽입당하는 것을 선호하는
사람을 가리킨다.

겨드랑이 털

겨드랑이 털은 문화권이나
성별에 따라 그 사회적 인식이
다르다. 보통 남성의 겨드랑이
털은 취향의 문제로 취급되는
반면 여성의 경우 타인에게는
차마 못 볼 것으로, 자신에게는
없애야 할 것으로 여겨진다. 그런
이유로 여성은 시간과 비용을
들여 털을 없애 왔다. 사실 여성의
몸에 있는 겨드랑이 털도 '그냥
털'일 뿐 결코 부끄러운 것이
아니다. 이런 생각을 하는 몇몇
여성들은 겨드랑이 털을 미는
걸 그만뒀다. 줄리아 로버츠,
에머 오툴, 마돈나, 레이디 가가,
마일리 사이러스 등 매체에
등장하는 영향력 있는 이들이
자신의 겨드랑이 털을 카메라
앞에 당당히 보였다. 유명 연예인
그리고 페미니스트들의 이러한
행동이 과거에 '관심종자' 취급을
받으며 대중의 거부감을 사고
비웃음거리가 되어 일회성
가십으로 소비됐다면, 지난
몇 년간은 그 양상이 달랐다.
이러한 문제의식에 동의하는
여성들은 SNS를 통해 '겨드랑이

털 보이기'에 동참했다.
텀블러와 인스타그램에는
#armpithair(#겨드랑이털),
#pithairdontcare(#겨드랑이털
신경안씀) 등의 해시태그와
함께 겨드랑이 털을 드러낸
사진들이 올라왔고, 이는
점차 많은 사람들이 참여하는
캠페인이자 트렌드가 됐다.
몇몇은 겨드랑이 털을 분홍·
초록·파란색으로 염색하기도
했다. 이들은 '여자도 겨드랑이
털이 있는 건 알지만 우리
눈으로 보지는 않았으면
좋겠다'는 사회적 압박을
비웃으며 겨드랑이 털을 더욱
드러내어 이제껏 없던 방식의
새로운 '외모 꾸미기' 분야로
개척했다. 이런 트렌드를
반영하듯 2015년 H&M의 자매
브랜드 앤아더스토리즈(&Other
Stories)의 속옷 광고는 겨드랑이
털, 문신, 상처를 포함해 평범한
여성들의 '있는 그대로의 몸'을
등장시켰다. 이는 글래머러스한
모델이 등장하는 섹슈얼한
이미지의 속옷 광고에 비해
새로웠고 심지어 멋있어 보였다.
극도로 이상화된 몸이 아닌
평범한 여성의 몸, '진짜 사람의
몸'을 보여 주는 것이 멋진
시대가 되고 있다. [양민영]

겨드랑이 털

영국 가수 두아 리파의 싱글 앨범 «IDGAF». 백스테이지에서 겨드랑이 털을 미는 모습이
화제 되었는데, 이에 대해 두아 리파는 (순종의 표현이 아니라) 누가 뭐라고 하든 "내 몸은
내 마음대로 하겠다"는 의미라고 설명한 바 있다. 그의 이 말은 앨범 타이틀 'IDGAF'(I Don't Give
A Fuck, 나는 전혀 신경 안 써)와 연결된다. ⓒ Dua Lipa

결박

정박(碇泊)과 절박(切迫)
사이의 어디쯤에 이것이 놓인다.
그러면, 마음이 제 손을 뒤로 돌려
묶는다. 흔들 손수건 같은 건 이제
없이, 정박한 배처럼, 그런데 하필
이처럼 얼 리 없는 부동항에서.
떠나지도 그렇다고 털썩
주저앉지도 않은 채, 돛을 올리지
않는 저 자신을 사방의 새 떼와
회청색 물결로 알맞게 포위한
채, 망망, 그저 잦아들며 둥, 둥,
둥. 이처럼 가벼이 흔들리는
갑판 위에서조차, 어지럼증에
비틀거리지 않고 서 있기란
불가능하리라. 그러나 마음은
또 분연히 일어나 싸우지는
못하리라. 무엇이 절박하다는
거지? 떠날 수 있고, 떠나고 싶을
것인데, 둥둥, 그러지는 않고,
둥, 둥, 집요하고 조용한 부유가
결빙을 막아 절박감은 오래도록
순탄히 하강할 수 있고, 발목은
차츰 깊이 박혀 가는 닻 누워
출렁이는 것들, 일어 날아가는
것들의 한복판에서. 하필 이처럼
얼지 않는 부동항에서. 얼지
않아서. 자승자박. [김예령]

고갯짓

목 위, 특히 턱을 가로젓거나
끄덕이는 행위. 특정 방향을
가리키거나 의사를 전달할 수
있다. 간혹, 졸음이 밀려오는
때와 같은 무의식적인 상태에서
우리는 알 수 없는 고갯짓을 한다.

골수

혈구 세포를 생성하는 조직으로
황색 골수와 적색 골수로 이뤄져
있다. 적색 골수는 조혈 조직을
포함하여 혈구를 생산하고, 황색
골수는 지방 세포를 포함하여
양분을 저장한다. 태아 때부터
평생 피를 만드는 기능을
담당한다. 성인은 몇몇 뼈를
제외하고는 적색 골수가 거의
황색 골수로 대체되어 있다.
백혈병 환자의 경우 골수 이식
수술을 받기도 한다.

골절

외부의 충격을 받아 뼈가 부러진
상태. 일시적인 외력에 의한
외상성 골절, 만성적인 가압에
의한 피로골절, 병적인 조직
침해에 의한 병적 골절로 나뉜다.
보통 X선 촬영을 통해 골절
상태를 진단한다. 치료는 어긋난
뼈를 맞춰 접착시킨 뒤 고정하는
것으로 이뤄진다. 뼈가 피부를
뚫고 나오는 개방성 골절처럼
상태가 심각한 경우엔 수술이
필요하다. 고정에는 주로 '깁스'라

일컫는 석고 붕대가 쓰인다. 성인 기준으로 손가락뼈는 2주, 팔뼈는 8–12주, 다리뼈는 12–16주, 발가락뼈는 4–6주 정도의 유합 기간이 필요하다.

관

시신, 시체, 주검을 넣는 궤. 장례식에서 시신을 관에 넣는 과정을 입관(入棺)이라 한다. 지상에서의 마지막 장소에 있는 기분이란 어떤 것일까? 눈을 감고 상상해 보자. "관이 열렸다 / 천장이 높은 관이 열렸어 / 셔츠를 잘 벗어 / 다리 한 짝과 걸어 두었지 / 처음으로 생긴 내 방이야" *

구토

소화관 안의 내용물을 입 밖으로 뿜어내는 것. 외부 자극, 대사 이상, 질환 등 원인은 다양하다. 순간적인 통증과 불쾌감을 동반한다. "토하는 것보다 더 짜증나는 일도 없다. 토한다는 건 몸이 부댓자루 뒤집히듯 뒤집어지는 것이다. 살가죽을 뒤집는 것이다. 그것도 마구 흔들어 대면서.

살가죽을 뜯어내면서. 저항해 봤자 뒤집어지는 건 마찬가지다. 안이 밖으로 나온다. 비올레트 아줌마가 토끼 가죽을 벗길 때와 아주 똑같다. 살가죽의 이면(裏面). 그게 바로 구토다. 토한다는 건 창피하기도 하고 말할 수 없이 화나는 일이다." **

귀

청각과 평형 감각을 관장하는 기관. 크게 음파를 신경 자극으로 전환하는 수용기, 움직임과 균형에 반응하는 수용기로 나뉜다. 소리와 균형에 관련된 자극들은 안뜰달팽이신경을 통해 뇌로 전달되어 그 정보가 해석된다. 귀는 바깥귀(외이), 가운데귀(중이), 속귀(내이)의 세 부분으로 구성된다. 바깥귀와 가운데귀는 청각을 관장하는 수용기다. 더 깊숙한 쪽에 자리한 속귀에는 소리를 직접 느끼는 달팽이관, 평형 감각을 담당하는 반고리관 등이 있다. 이들 기관에 문제가 생기면 난청이나 현기증, 어지러움 등의 평형 장애 및 심각한 정보 장애가 일어날 수 있다.

*   김소형, 〈관〉, 《ㅅㅜㅍ》, 문학과지성사, 2015, 26쪽.
**   다니엘 페나크, 《몸의 일기》, 조현실 옮김, 문학과지성사, 2015, 37쪽.

구토
비행 중 흔들림으로 구토가 유발될 때 사용하는 멀미 봉지(Airsickness Bag).
토사물을 담는 용도 안셋 뉴질랜드(Ansett New Zealand) 항공사, 1990s.

금니

치아 보철의 일종으로 충치 혹은 결손된 치아에 금을 입혀 형태를 보충한 것을 말한다. 금은 강도가 높고 반응성이 낮아 부식이 잘 일어나지 않기에 보철에 특히 적합하다. 과거엔 유일무이했지만 금 대신 비교적 저렴하고 튼튼한 재료를 선택하는 경우가 늘었다. 거리에 "금니 삽니다"라는 표지가 심심찮게 보이는 걸로 유추하건대 때운 금을 도로 떼어 파는 일도 흔한 듯하다. 그만큼 보장된 가치 덕분에 대화 도중 슬쩍 빛을 내는 금니가 부의 상징인 시절이 있었다. 요즘 래퍼들 사이에서 인기인 그릴즈(grillz)는 입에 무는 금괴나 다름없다. 스웩(SWAG, 힙합 문화에서 부를 뽐내는 행위를 총칭하는 말)에는 역시 금니.

기면증

의지와 상관없이 갑자기 잠에 빠지는 질환. 일상생활 도중에 수면 발작을 일으키거나, 밤에 충분히 잠을 잔 것 같아도 급작스럽게 졸음과 무기력을 느끼는 것이 증상이다. 각성을 유도하는 오렉신(Orexin)이나 하이포크레틴(Hyphocretin)이라는 신경 전달 물질이 부족할 때 나타나며, 유전적인 요인이 지배적이다. 기면증 환자는 수면을 촉진하는 호르몬인 멜라토닌이 일반인보다 더 늦게 분비되어 정작 잠들어야 할 밤에 불면을 겪는다. 선잠에 들어 환각에 빠지거나, 의식은 각성되어 있지만 전신 근육을 자유롭게 통제하지 못하는 수면 마비 상태를 겪기도 한다. 또한 급격한 감정 변화가 일어나거나 졸도 발작을 일으킬 수도 있다. 멀쩡히 걷다가도 갑자기 쓰러져 잠들어 버리는 경우도 있는데, 이는 기면증 환자 중에서도 극소수다. 기면증에 대한 이러한 극단적인 이미지 때문에 질환이 아닌 '간헐적 졸음'으로 치부하여 사각지대에 있는 환자들이 많다. 예방할 수 있는 질환은 아니지만 생물학적 원인이 뚜렷하므로 약물 치료를 통해 증상의 개선을 기대할 수 있다.

기억

과거에 경험했던 인상, 지각, 감정, 관념 등을 불러일으키는 정신 과정. 뇌가 정보를 받아들여 저장했다가 필요할 때 꺼내어 재생하거나 재구성하는 것과

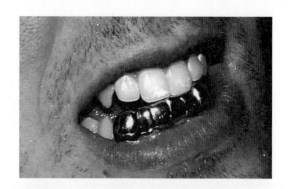

금니

[상] 힙합 뮤지션 넬리(Nelly)가 유행시킨 그릴즈(Grillz)는 일종의 치아 보철물이다. 순금 또는 보석으로 만들어져 치아에 탈부착할 수 있다.

[하] 그릴즈를 착용한 래퍼 폴 월(Paul Wall).

기면증
구스 반 산트 감독의 1991년 영화 <아이다호(My Own Private Idaho)>의 주인공
마이크(리버 피닉스). 예고 없는 발작과 함께 깊은 잠에 빠져드는 기면증은 이 영화의
플롯에 지대한 영향을 주는 기제다.

관련된 모든 과정을 뜻한다. 기억은 보존 시간에 따라 단기 기억과 장기 기억으로 나뉜다. 단기 기억은 제한적인 용량의 기억이며, 이는 장기 기억으로 전이되거나 시간이 흐르면서 쇠퇴하여 사라진다. 장기 기억은 용량이 매우 크고 장시간 혹은 평생 지속되는 기억인데, 성격에 따라 서술 기억과 비서술 기억으로 나뉜다. 서술 기억은 칵테일 만들기처럼 자발적인 노력이 요구되는 기억이고, 비서술 기억은 자전거 타기처럼 의식적인 노력 없이도 획득되는 기억이다. 일반적 지식과 관련된 의미 기억, 특정한 일화와 관련된 일화 기억도 장기 기억의 체계에 포함된다. '과잉기억 증후군'이나 '서번트 증후군' 같은 희귀 질환도 존재한다. 이는 예술 작품의 소재로도 종종 등장하는데, 보르헤스의 소설 <기억의 천재 푸네스>도 이에 해당할 것이다. 푸네스는 망각할 수 있는 자유를 원했을까, 아니면 다른 이들이 범접할 수 없는 강력한 자유를 누렸을까? "그는 내게 말했다. "나 혼자서 가지고 있는 기억이 세계가 생긴 이래 모든 사람들이

기억
화가 스티븐 윌트셔(Stephen Wiltshire)가 헬리콥터를 타고 한 번 훑어본 도시의 풍경을
재현하고 있는 모습. 3살 때 자폐성 서번트 증후군 진단을 받은 윌트셔는 경이로운 기억력으로
살아 있는 카메라라 불린다.

가졌을 법한 기억보다 많을
거예요." 그리고 또한 말했다.
"나의 꿈은 마치 당신들이 깨어
있는 상태와 똑같아요." 그리고
새벽이 가까워질 무렵 또한
말했다. "나의 기억력은 마치
쓰레기 하치장과도 같지요."" *

기억상실
과거 어느 시점 혹은 어떤 일에
대한 기억이 설손된 상태를
말한다. 그 정도에 따라 총제적

기억상실과 부분적 기억상실로
나뉜다. 《지워진 기억을 쫓는
남자》는 총상을 입은 뒤 심각한
기억상실을 겪게 된 자세츠키가
자신의 기억을 되살리려 노력한
기록들과 오랜 기간 그를
지켜본 신경심리학자 루리야의
이야기를 담는다. 루리야는 그의
책을 다음과 같이 소개한다. "이
책은 손상된 뇌 기능을 회복하기
위해 끈질긴 지옥의 망령들과
싸웠던 한 인간에 관한 이야기다.

* 호르헤 루이스 보르헤스, 〈기억의 천재 푸네스〉, 《픽션들》, 황병하 옮김,
  민음사, 1994, 184쪽.

[...] 기억상실이라는 "끈질긴 지옥의 망령들"과 싸웠던 '자세츠키'의 투쟁 방식은 바로 글쓰기였다. 그는 기록이라는 자신과의 싸움에서 기억을 잃은 직후를 다음과 같이 '회상'한다. "당시 내 머릿속은 완벽하게 백지상태였다. 잠을 자고 일어나는 것 외에는 무엇을 생각하거나 기억할 수 없었다. 나의 기억은 내 삶처럼 존재하지 않는 듯이 보였다. 처음에는 내가 누구인지, 나에게 무슨 일이 일어났는지조차 인식하지 못했으며, 한동안은 부상당한 곳이 어딘지도 몰랐다. 머리 부상은 나를 어린아이로 되돌려 놓은 것 같았다. [...] 반쯤 잠에 취한 것처럼 언제나 뿌연 안개 속에 있는 것 같다. 머릿속은 하얀 도화지 같다. 단 하나의 단어도 기억할 수 없다. 머릿속에서 섬광처럼 스치고 지나가는 것은 몇 가지 형상뿐, 갑자기 나타났다 사라지고 다시금 새롭게 나타나는 희미한 환영이 전부다. 그러나 이것들이 어떤 의미가 있는지 전혀 알 수가 없다."*

깁스

석고(石膏)를 뜻하는 독일어 'gips'에서 유래한 말로 골절 부위를 고정시키는 정형외과적 치료에 사용하는 석고 붕대를 가리킨다. 근래에는 유리 섬유와 폴리에스테르로 이뤄진 합성 캐스트를 주로 사용하지만 여전히 깁스라 부른다. 친지가 깁스를 하면 빨리 회복하라는 의미에서 깁스 겉면에 낙서를 해 주는 오랜 풍습이 있다. 실제로 환자는 낙서로 가득 차 지저분한 깁스 겉면을 보며 빨리 이것에서 벗어나고 싶은 마음을 품게 된다. 최근 3D 프린팅 기술이 깁스의 혁신을 불러올 것으로 전망되어 화제다. 산업 디자이너 데니즈 카라사힌(Deniz Karasahin)이 디자인한 '오스테오이드'(Osteoid)라는 이름의 깁스는 3D 프린터로 조형되어 환자 체형에 맞춰 즉시 제작할 수 있고, 통풍도 잘 되며, 물로 씻을 수 있다.** 게다가

---

*   알렉산드르 로마노비치 루리야, 《지워진 기억을 쫓는 남자》,
       한미선 옮김, 도솔, 2008, 31–34쪽.
**   <Osteoid Medical cast, attachable bone stimulator by Deniz Karasahin>, «A'DESIGN
       AWARD & COMPETITION», 2014년 3월 23일, (https://competition.adesignaward.com/
       design.php?ID=34151).

깁스
산업 디자이너 데니즈 카라사힌(Deniz Karasahin)이 디자인한 깁스 '오스테오이드'(Osteoid).
환자의 체형에 맞게 3D 프린터로 캐스트를 조형한다.

깁스 자체에 초음파 치료용 관을
탈부착할 수 있어 골절 부위
회복에 큰 도움을 줄 것으로
기대된다.

꿈

수면 활동 중 뇌에서 마음대로
지어내는 이야기. 그것을
보고 듣는 현상을 '꿈을
꾸다'라는 말로 표현한다.
꿈을 꿀 때, 시청각뿐 아니라
후각이나 촉각으로 느끼는
것이 가능하다. 일본어로는
'유메오미루'(夢を見る:꿈을
보다)라고 표현하는데, 왜
시각 이외의 감각이 포함되지
않았는지 참으로 안타깝다. 수면

중 일어나는 현상이기 때문에,
잠에서 깨고 나서 기억하는지
못하는지 여부로 꿈을 꿨는지
아닌지 판단할 수 있다. 기억하지
못하는 경우에는 수면 중
분명 그 활동이 일어났음에도
불구하고 본인은 꿈을 꾸지 않는
사람이라고 확신하기도 한다.
아직까지는 '꿈'을 시각화해
재생하거나 확인할 수 있는
과학 기술이 없는 듯하나,
많은 과학자들이 그 기술을
연구하고 있는 것으로 알고 있다.
대부분의 꿈 이야기는 앞뒤가
없고 비약이 심하며 비현실적인
부분이 많기 때문에 직접 경험한
사람이 아니고서는 그에 100%

꿈

안토니오 데 페레다(Antonio de Pereda), <기사의 꿈>, 1650. "대부분의 꿈 이야기는 앞뒤가 없고 비약이 심하며 비현실적인 부분이 많기 때문에 직접 경험한 사람이 아니고서는 그에 100% 이입하거나 공감하기 어렵다."

나체
캐나다 브리티시컬럼비아주 레크(Wreck) 해변에서 나체로 모여 평화 기호(Peace Symbol)를
만들고 있는 사람들.

이입하거나 공감하기 어렵다. 그 때문에 꿈을 시각화하는 기술이 나오기 전까지는 꿈을 아무리 열심히 설명해 봤자 상대방의 정신적 피로도만 높일 뿐, 헛소리로 들리기 십상이다. [이랑]

나체

실오라기 하나 걸치지 않은 알몸 상태. 공적 공간에서는 나체로 있는 것이 법적으로 허용되지 않기 때문에 역설적으로 정치적인 힘을 갖는다.

"캘리포니아 마린 카운티 서부의 여성 50명은 나체의 힘을 잘 알았던 모양이다. 2002년 11월, 임박한 이라크전에 반대하며 포인트 러예스 스테이션에 있는 러브필드의 잔디밭에서 몸으로 평화를 뜻하는 'PEACE'라는 글자를 만든 것을 보면 말이다. 주최자 도나 시헨은 [...] 이렇게 썼다. 온갖 연령과 직업의 여성들이 옷을 벗었다. 노출증이 있어서가 아니다. 그렇게 해야만 한다고 느꼈기 때문이다. 전쟁의 참상을 폭로하고, 나체가

됨으로써 무고한 이라크인들의 취약함에 공감하고, 냉담한 부시 정부에 충격을 주어 주의를 집중시키고 싶었다.'" *

노인

예이츠는 항상 젊음과 늙음에 대해 노래해 왔다. 젊은이들은 아무것도 모르지만 밝고 싱그러운 육체를 갖고 있으며, 노인은 늙은 몸을 가졌으나 젊은이들이 알지 못하는 것에 대해 알고 있다는 것이다. 그것은 젊음에 대한 열망이면서, 젊음과 사랑에 대한 자조에 가까운 후회를 동시에 품고 있다. 그의 작품 «거칠고 사악한 노인(The Wild Old Wicked Man)»은 '거칠고 사악한 노인'이 젊은 여성에게 수작을 부리다 좌절하고는 바닷가의 소녀와 청년들을 보며, 젊은이들의 어리석음과 노인의 지혜에 대해 생각하다가, 올바르게 배운 이라면 부정할 수 없는 그 고통을 태워 버리는, '하늘의 노인'으로부터 나온 빛줄기를 선택하는 대신, 추잡한 늙은이인 자신은 여인의 젖가슴 위에서 모든 것을 잊어버리는

차선을 택하리라 고백하며 끝을 맺는다. 이 못된 농담 같은 것이 늙는다는 것 아닐까. 이런 못된 농담이 가능한 것이 노인 아닐까. [황인찬]

노화

나이가 들면서 겪게 되는 몸의 변화. 신체 기능이 쇠퇴하는 현상. 거부할 수 없는 섭리. "여드름 끝이 검어지는 건 피지가 공기와 접촉하여 산화되기 때문이다. 이 기름진 세포의 잔해는 피부의 보호하에 있는 동안엔 흠잡을 수 없는 백색이다가, 그걸 터뜨리는 순간 까매진다. 노화라는 건 별게 아니라 이 같은 산화 작용이 일반화된 것이다. 우리는 녹슨다." **

눈

한 쌍으로 이뤄진 시각 기관. 혈관과 신경으로 가득 차 있고 여러 근육 조직에 의해 움직인다. 홍채는 동공의 크기를 조절하여 각막을 통해 들어오는 빛의 양을 조절한다. 수정체는 망막에 상이 적절하게 맺히도록 한다. 망막의 시각 세포들은 시신경을

---

*   필립 카곰, «나체의 역사», 정주연 옮김, 학고재, 2012, 120–121쪽.

**   다니엘 페나크, «몸의 일기», 조현실 옮김, 문학과지성사, 2015, 199–200쪽.

노인
노년의 초상. 시인 윌리엄 버틀러 예이츠(William Butler Yeats).
사진: 피리 맥도날드(Pirie MacDonald), 1933.

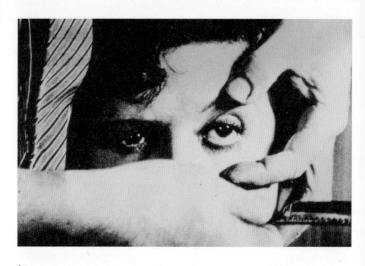

눈

남자가 달을 바라보다 면도칼로 여성의 한쪽 눈을 도려내는, 영화 사상 가장 충격적인
오프닝으로 알려진 루이스 브뉘엘의 초현실주의 영화 <안달루시아의 개>(1929). 영화의
플롯과 무관하게 이 장면은 신체에서 가장 예민한 부위이자 세계를 시각적으로 인식하는 눈에
대한 보호 본능과 상해 공포감을 자아낸다.

통해 뇌의 시각 피질로 신호를
보낸다. 그러면 우리는 비로소
세상을 '본다'(고 느낀다). "하지만
상당히 많은 뇌의 영역들이
오로지 시각이라는 감각 하나에
할당되어 있음에도 세상은 워낙
변화무쌍한지라 뇌는 눈에서
오는 모든 정보들을 빠짐없이
처리하기 어렵다. 그래서
뇌가 선택한 전략은 선택과
집중, 적당한 무시와 엄청난

융통성이다. 우리는 하나에
집중하면 다른 것은 눈에 뻔히
보여도 인식하지 못하고 지나칠
수 있으며, 쥐꼬리만 봐도 벽 뒤에
숨은 쥐의 전체 모습을 그릴 수
있고, 빨간색과 파란색이 주는
색의 스펙트럼에서 그 색이 주는
이미지와 의미도 읽어 낼 수 있다.
우리 눈은 정말로 보고 싶은 것만
보고 나머지는 눈을 질끈 감고
무시하는 것이다." *

*   이은희, «눈 이야기», 한겨레출판, 2016, 66–72쪽.

눈물

눈물샘에서 분비되는 체액.
눈을 보호하고 표면을 촉촉하게
하며 먼지 등의 이물을 씻어
내어 청결을 유지하는 역할을
한다. 98%가 물로 이뤄져 있으며,
소량의 단백질과 식염이
포함되어 약알칼리성을 띤다.
각성 시 눈의 건조를 막기 위해
항상 소량의 눈물이 분비되며,
눈을 깜빡일 때마다 공급된다.
눈물은 강한 빛, 몸의 통각 자극,
화학적 자극, 정서적인 감정의
변화, 하품이나 구토 등에
의해서도 유발된다. 1983년에
국내 방영됐던 인기 애니메이션
<들장미 소녀 캔디>의 주제가는
다음과 같이 시작한다.
"외로워도 슬퍼도 나는 안 울어 /
참고 참고 또 참지 울긴 왜 울어"
이렇듯 사람은 감정의 변화를
겪으면 호르몬을 과도하게
분비하고 눈물을 흘려 보낸다.
필요 이상으로 분비된 호르몬은
몸에 독이 될 수 있는데, 눈물이
이를 밖으로 배출하는 역할을
하기도 한다. 즉, 캔디처럼 "참고
참고 또 참지" 말고 울음을
터트리는 편이 건강에 좋다.

눈썹

눈두덩 위에 가로로 난 털.
인상에 미치는 영향이 크기
때문에 눈썹을 움직이는 것으로
다양한 감정을 표현할 수 있다.
"생각해 보라, 눈썹은 은밀한
의사소통의 소중한 수단 아닌가.
찡그리거나 곧추세운 눈썹은
마음에 들지 않는다거나 갑자기
구미가 당긴다는 것을 말 한마디
없이 표현하지 않는가 말이다.
이는 로마 황제 시대에도
그랬다. 오늘날 영국의 의원
나리들은 '눈썹을 치켜뜨는
것'으로 연설이나 상정된 안건에
대한 찬탄 혹은 거부 의사를
표현한다."**

눈치

사회적 동물(단순히 무리를 지어
산다는 것을 넘어, 소외당하거나
평판이 추락하는 등 무리로부터
멀어지게 되면 외로움, 고독, 절망
등의 부정적 감정에 빠지게 되는
반면 인정을 받거나 사랑을 받는
등 무리로부터 받아들여지는
경험을 하면 자존감, 행복감이
상승하는 존재를 의미한다.
많은 연구들에 의해 밝혀진바
사회적 동물에게 사람들과

**   다니엘라 마이어·클라우스 마이어, «털», 김희상 옮김, 작가정신, 2004, 94쪽.

눈썹
눈썹을 움직이는 것으로 다양한 얼굴 표정을 보이는 엔터테이너 야코브 트루에손 데밋스(Jacob Truedson Demitz).

함께 산다는 것은 행복, 건강 및 생존에 필수적인 요소다)인 인간의 제1 과제는 무리로부터 받아들여지는 것, 즉 주위와 원만한 관계를 형성하며 사는 것이다. 이런 과제를 가능케 하기 위해 우리의 마음은 타인의 상황과 감정을 읽고 그에 따라 대비할 수 있게끔 하는 다양한 기제를 발달시켜 왔다. 나와는 다른 타인의 입장과 생각을 추론해 내는 조망 수용 능력과 타인의 감정을 함께 느끼는 공감 능력이 그 예다. 크게 이

두 가지 능력을 통해 우리는 마치 탐정처럼, 직접적으로는 알 수 없는 타인의 상태를 간접적으로 추론하며 그에 맞춰 자신의 행동을 조절하곤 한다. 흔히 '눈치가 좋다'고 여겨지는 사람들은 다양한 상황적, 행동적, 언어적 증거 등을 통해 타인의 생각과 감정을 읽어 내며 나아가 그 사람의 기대에 맞는 행동까지 해내곤 한다(예: 심기가 불편해 보이는 사람 앞에서 과한 농담을 삼간다). 연구들에 의하면 상대적으로 '권력감'(sense of power)이 높은 사람들(예: 상사와 부하 관계에서 상사)이 그렇지 않은 사람들에 비해 눈치를 덜 보며 제한 없이 행동하는 반면, 비교적 권력감이 낮은 사람들은 상대방의 생각과 감정에 더 많이 신경 쓰고 자신의 행동을 더 많이 검열하는 등 눈치를 더 많이 보는 경향이 있다. [박진영]

다리
몸통에서 뻗어 나와 몸의 무게를 지탱하면서 운동과 이동에 사용되는 기관으로 엉덩이, 넓적다리, 무릎, 종아리, 발로 구성된다. 다리는 팔보다 단단하고 강한 구조를 지니지만, 몸의 무게를 지탱하는 상태로 이동하므로 팔보다 신속성이 떨어지고 운동 범위도 제한적이다. 사람은 두 개의 다리를 한 쌍으로 가지고 있다. 두 다리로 걷는 것을 '직립 보행'이라고 한다. '루시'(Lucy)라는 이름으로도 유명한 오스트랄로피테쿠스는 최초로 직립 보행을 한 인류로 알려져 있다.

다이어트
다이어트의 본래 뜻은 건강 관리의 개념에 가깝다고

다리
오스트랄로피테쿠스 아나멘시스. '루시'(Lucy)라는 이름으로도 유명한 오스트랄로피테쿠스는 최초로 두 다리를 사용하여 직립보행을 한 인류로 알려져 있다.

수백 번은 더 들은 것 같지만 원래 의미대로 다이어트를 하는 사람은 거의 없다. 한국 사람 대부분이 일상적으로 다이어트를 하고 있으며, 두 사람만 모여도 다이어트에 관한 오만 가지 정보가 교환된다. 체중에 지나치게 집착하는 것이 미친 일이라는 사실은 현대인이라면 누구든 알고 있지만, 그럼에도 살이 붙은 몸으로 살아가는 것보다는 덜 미친 일이라고 여기는 듯하다. 무릇 다이어트란 자신을 불필요하게 학대하고 있다는 죄책감과 철저한 '자기 관리'를 하고 있다는 미묘한 뿌듯함이 동반되는 행위인 것이다. 트렌드 또한 날로 변화하고 있는데 덴마크 다이어트나 원푸드 다이어트, 디톡스 등을 거쳐 요즘은 저탄수고지방 다이어트가 각광받고 있다. TV에서는 맛집 소개와 먹방 등으로 끊임없이 먹기를 권하고, 다른 한편에서는 무리한 다이어트 때문에 거식증에 걸려 활동을 중단해야 하는 걸 그룹 멤버가 등장하는 나라인 만큼, 다이어트의 인기는 수그러들지 않을 전망이다. 그러니 앞으로도 뭔가를 팔아서 돈을 벌고 싶다면 어떻게든 '다이어트'라는 마법의 단어를 갖다 붙이고 볼 일이다. [황효진]

대장

대장(큰창자)은 음식물 찌꺼기에서 수분, 비타민 일부, 쓸개즙을 흡수하며 소장(작은창자)에서 내려온 찌꺼기를 보관했다가 대변을 만들어 항문으로 배출시키는 역할을 한다. 그 위치에 따라 맹장, 결장, 직장의 세 부분으로 분류된다. 대장은 소화 기능이 거의 없거나 매우 미약하다. 길이 1.5m, 지름 6.5㎝ 정도의 관 모양으로 소장에 비해 지름이 월등히 크기 때문에 대장이라 불린다.

두개골

머리를 구성하고 있는 23개의 뼈로 뇌를 보호하는 역할을 한다. 뼈만 남은 두개골을 '해골'이라 부른다. 해골은 그 생김새가 환기하듯 여러 문화권에서 죽음, 공포, 위험에 대한 표식으로 여겨진다. "탁상 위에 정교한 웃음을 짓는 / 해골이 있었다 // 텅 빈 눈으로 / 텅 빈 눈을 쳐다보았다 // 어둠 속에서 오래 빛나던 / 너의 비웃음" *

드래그

다른 성의 복장을 착용하는 것.
드래그 퀸(drag queen)은 '여장'한
사람, 드래그 킹(drag king)은
'남장'한 사람을 가리킨다. 이들의
춤, 노래, 연기, 패션쇼, 스탠드업
코미디 등의 퍼포먼스를
드래그 쇼(drag show)라 하는데,
특정 캐릭터를 설정하고 그에
걸맞는 연기를 펼쳐 구현해
내는 일종의 공연 예술이다.
"성소수자 사회에서 드랙은
단순한 여장/남장이라기보다
과장된 남성성과 여성성을
표현함으로써 생물학적
성정체성의 경계를 흐리는
정치적, 사회적 의미를 포함해
적극적으로 활용되기도
한다."** 세계적인 드래그
퀸 루폴(RuPaul)은 다음과
같은 명언을 남겼다. "넌
벌거숭이로 태어났고, 나머진 다
드래그야(You're born naked and
the rest is drag)."

등

나는 노인의 목소리로 대놓고
떠들길, 경치를 보여 주기로는
등만 한 것이 없다. 구릉과 사구,
암벽 또는 너럭바위. 팔월의
공산명월 화투 네 짝은 정녕
등의 풍경화, 아니 초상화 네
폭이다. 등의 그 둔하고 너그러운
미덕이라니, 거의 인생의 넉살
아니냐. 등이, 그래 봬도 나름
미답 지대다. 네 등 한번 시원하게
밀어 보는 것, 그게 또 네 손의
조촐한 욕심이지 않은가. 때로
돌아선 사람의 등은 별안간 제가
짊어져 온 생의 뒤안길 비슷한
걸 보여 준다. 아뿔싸. 등 덕에
한 인생의 비경이 펼쳐지다니.
한 인간의 얼굴이 사라지면서
풍경이 나타나다니. 알았느냐?
등이, 그래 봬도 보통은 아닌 게다.
등 뒤라는 말은 서늘하기도 황혼
녘 비빌 언덕처럼 아늑하기도
하지만, 배후란 말은, 같은 게 같은
게 아니라고, 일거에 그 풍경에
세속적 음험함을 부여한다. 하여
우리는 마주 오는 이에게서
표정이랄까, 속을 도통 알 수 없는
그것을, 등 돌려 가는 이에게서
오호, 시간의 서명이로구나,
우리 너머로 속절없이 멀어지는
단호함의 행보를 문득

---

*   송승언, <유리 해골>, «철과 오크», 문학과지성사, 2014, 71쪽.
**   한국게이인권운동단체 친구사이, «게이 컬처 홀릭(Gay Culture Holic)»,
        씨네21북스, 2011, 247쪽.

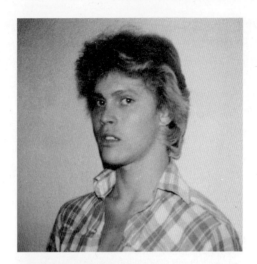

드래그
[좌] 로건 카터(Logan Carter)와 드래그 퀸 록산느 러셀(Roxanne Russell).
[우·상] 브라질 상파울로 성소수자 축제(VIII Gay Pride in São Paulo, Brazil) 드래그 퀸 퍼레이드.
드래그 퀸(drag queen)은 '여장'한 사람, 드래그 킹(drag king)은 '남장'한 사람을 가리킨다.
[우·하] 무대에 오르기 전 드래그 퀸으로 거듭나고 있는 로렐라 수키아리니(Lorella Sukkiarini).

발견하느니라. 짐짓 뒷짐 지고 버텨 선 채 우리는. [김예령]

디오더런트

땀과 체취를 억제하는 용품. 스틱형, 파우더형, 스프레이형 등 다양한 타입이 있으며, 특히 겨드랑이 땀과 암내를 효과적으로 억제한다. 일찍이 고대 이집트인들은 암내를 제거하기 위해 다양한 향료 및 오일을 혼합하여 바르거나, 열을 가하면 향이 나는 지방질 등을 애용했다. 19세기에 이르러 누출 분비선(에크린 선)이 암내의 주원인으로 밝혀지면서 1888년 염화아연 혼합물인 '멈'(Mum)이라는 최초의 디오더런트가 개발됐다. 스프레이형 제품은 1960년대에야 출시됐는데, 지구 온난화의 주범으로 지목되기도 했다. 디오더런트가 정확히 어떤 작용을 통해 탈취 효과를 내는지에 대해서는 과학자들 사이에서도 아직까지 의견이 분분하다. 함유 성분이 임시로 땀샘을 막아 주는 것이라 짐작할 뿐이다. 반면 디오더런트의 부작용에 대한 논란은 꾸준히 제기되고 있다. 지난 2016년 5월 올드 스파이스(Old Spice)사의 디오더런트를 사용한 한 남성은 화상을 입은 듯한 증상을 겪었다고 주장했다. 전설적인 록 그룹 너바나의 대표곡 <Smells Like Teen Spirit>의 'Teen Spirit'이 사실은 디오더런트의 이름이라는 비화도 있다.

똥

소화 작용을 거치면서 남은 찌꺼기. 색, 형체, 냄새 등으로 배변인의 건강 상태를 유추할 수 있다. 한심한 결과물을 가리키는 말로도 자주 쓰인다. "직장 속으로 뚫고 들어간 똥 덩어리는 갑갑한 칸막이들에 압력을 가중시키며 반사 행동을 유발한다. 이것이 바로 '화장실에 가고 싶은 욕구'를 결정하는 '배설의 수축과 팽창 과정'이다. 여기서 두 가지 가능성이 제기된다. 참을 것인가, 만족시킬 것인가? 후자의 경우라면, 복부 근육들이 수축되고 횡경막이 닫히며 항문 괄약근의 이완 작용으로 시원한 배설로 이어진다. 마침내 똥이 탄생하는 것이다!" *

*   마르탱 모네스티에, 《똥오줌의 역사》, 임헌 옮김, 문학동네, 2005, 12쪽.

Dollars Can't Buy a Finer Deodorant!

- STOPS PERSPIRATION ODOR... instantly
- HANDY STICK FORM ; no mess, no waste
- DAINTY... greaseless, never sticky
- GENTLE, HARMLESS to skin or clothes
- FRAGRANT and luxurious as a lipstick
- SURE PROTECTION, all day long
- THRIFTY... big stick lasts for months

Why Pay More? **25¢** plus tax

LANDER CHLOROPHYLL STICK DEODORANT

At all 5 & 10 cent stores

NEW MUM. CREAM

The doctor's deodorant discovery
that now safely stops odor 24 hours a day

디오더런트
최초의 디오더런트 '멈'(Mum) 광고 스틱형 디오더런트 디오더런트는 땀과 체취를 억제하는
용품으로, 스틱형, 파우더형, 스프레이형 등 다양한 타입이 있다.

레즈비언

여성 동성애자를 일컫는다. 여성에게 바치는 시를 썼던 고대 그리스 시인 사포(Σαπφώ)의 출신지 레스보스 섬의 이름을 따 이 말을 만들었다고 전해진다. 부치(butch)와 펨(femme)은 레즈비언 관계의 성 역할을 지칭하는 은어다. 부치는 소위 성관계 시 리드하는 사람, 펨은 성관계 시 수동적인 사람을 일컫는다. 그러나 모든 레즈비언 관계가 부치-펨 모델을 따르는 것은 아니다. "최근엔 부치랑 펨 말고 '기브/테이크'(give/take)라는 단어가 따로 있어요. 겉부속펨이라든지, 겉펨속부라고 말하는 분들도 많고요. [...] 테이크를 받는 부치도 많고, 기브를 하려는 펨도 많아서 이 경계는 아주 모호해요. 그래서 성향을 따지지 않는다는 무성향인 분도 많고, 아니면 스위치가 되는 전천인 분도 있고요. 제 친구 중에 한국에서 잘 나가던 부치가 있는데, 정말 등빨 좋은 레즈비언 동네에 갔더니 어쩔 수 없이 자기가 펨이 됐다면서 사진을 찍어서 보냈더라고요." *

렘수면

잠을 자는 듯 보이나 뇌는 깨어 있는 역설적인 수면 상태로, 역설 수면이라고도 한다. 렘수면 상태에서는 잠에서 깨기 쉽고, '가위눌림'과 같은 수면 마비를 겪을 수 있다. 꿈은 렘수면 상태에서 선명하게 나타난다. 렘수면 시간이 길어지면 꿈으로 인한 자극으로 전신의 근육이 긴장되어 신경 세포가 쉽게 피로해지는데, 이는 정신 질환이나 자살 충동 등을 유발할 수 있다. 평생을 불면증에 시달리며 '꿈 일기'를 기록했던 프란츠 카프카의 다음과 같은 문장에서는 깊이 잠들지 못하고 '꿈-기계'가 되어 갔던 그의 고통을 읽을 수 있다. "잠 없는 밤. 벌써 사흘째나 이어지는 중이다. 잠이 쉽게 들지만, 한 시간 후쯤, 마치 머리를 잘못된 구멍에 갖다 넌 것처럼 잠이 깨 버린다. [...] 이제부터 대략 새벽 5시까지, 밤새도록, 비록 잠이 든다 해도 너무나 강력한 꿈에 사로잡힌 나머지 동시에 의식이

---

* <레즈비언 커플이 사랑하는 법: 고기와 복숭아>, «여섯 빛깔 무지개», 워크룸프레스, 2015, 296쪽.

레즈비언

미국 최초의 레즈비언 잡지 《더 레더(The Ladder)》. 1957년 《더 레더》는 '가면'을 벗을 것을
촉구하는 내용을 담은 10월호 잡지를 샌프란시스코 지역의 여성들에게 발송했다.

깨어 있을 수밖에 없는, 그런 상태가 계속된다. 형식적으로야 내 육신과 나란히 누워서 잠을 자는 것이긴 하지만, 그러나 사실은 그동안 꿈으로 나 자신을 쉴 새 없이 두들겨 대야만 하는 것이다."*

루게릭병

근위축성 측삭 경화증(ALS). 미국 프로야구 메이저리그 뉴욕 양키스에서 활약하던 헨리 루이스 게릭(Henry Louis Gehrig)이 이 질환을 얻어 은퇴하고는 2년 뒤에 사망했는데, 그 후로 그의 이름을 따 '루게릭병'(Lou Gehrig's disease)이라 불리게 됐다. 운동 신경 세포가 서서히 파괴되는 치명적인 질환으로, 사지의 위약과 위축으로 시작해 결국 호흡근 마비로 사망에 이르게 된다. 연구 결과로 제기된 몇 가지 가설이 있을 뿐 정확한 발병 원인은 밝혀지지 않았다. 10만 명당 환자 수가 2~6명에 이르는 희귀 질환이다. 2014년 여름 미국 ALS협회로의 기부를 장려하기 위한 '아이스버킷 챌린지'가 인기를 끌었다. 앞 사람에게 지목받은 당사자가 돈을 기부할지, 아니면 (루게릭병 환자가 느끼는 고통을 대리 체험하는 명목의) 얼음물을 뒤집어쓸지 결정을 내린 뒤 다음 사람을 호명하는 식이었는데, 얼음물을 뒤집어쓰고 기부도 하는 것이 관례처럼 됐다. 전 세계로 확산되던 이 운동은 진행을 거듭하며 애초의 취지를 잃어 간다는 비난을 받았지만, 1억 달러가 넘는 기부금을 모으는 데 성공했다.

립스틱

2001년 하리수는 립스틱 화장품 광고로 데뷔했다. "붉은색 립스틱은 새빨간 거짓말"이란 광고 카피는 하리수의 성전환 경험과 결합하며 독특한 의미를 생산했다. 그리고 (붉은색) 립스틱은 하리수와 같은 트랜스여성의 여성성을 묘사하는 중요한 상징이 된다. 2014년 처음 개봉한 드래그 퀸 뮤지컬 «프리실라»의 홍보 기사 제목 중엔 "립스틱 짙게 바르고"란 구절이 있었고, «프리실라» 홍보 굿즈 중엔 립스틱 형태의 볼펜이 있었다.

---

*   프란츠 카프카, «꿈», 배수아 옮김, 워크룸프레스, 27쪽.

루게릭병
[상] 근위축성 측삭 경화증(ALS). 미국 프로야구 선수 헨리 루이스 게릭(Henry Louis Gehrig)이
이 질환으로 사망한 뒤, 그의 이름을 따 '루게릭병'(Lou Gehrig's disease)이라 불리게 됐다.
[하] 아이스버킷 챌린지(Ice Bucket Challenge). 루게릭병 환자를 지원하는 미국 ALS 협회로의 기부를
장려하기 위한 모금 운동.

립스틱

"립스틱은 여성성이 자연스러운 실천이 아니라 지속적인 노력의 산물, 특정 나이나
외모를 통해 사회적으로 구성되는 효과임을 증거한다. 동시에 립스틱은 여성성이 유사한
경험의 경로를 통해 구축되는 것이 아니라 '여성' 개개인이 처한 상황에 따라 매우 다른
방식으로 구축됨을 알려 준다."

립스틱은 여성성을 구성하는 데 상징적 역할을 하고 때로 여성성 실천을 완성시킨다. 하지만 붉은 립스틱은 여성성에 균열을 낸다. 한 여자 아이돌 그룹은 신작 앨범을 내며 붉은 립스틱을 바르고 찍은 사진으로 앨범 표지를 꾸몄는데, 팬들은 초등학생이 엄마 립스틱을 바른 것 같다고 반응했다. 어린 시절 립스틱을 사용했다가 이런 말을 듣는 경우가 종종 있었을 것이다. 트랜스여성이 어린 시절 남성으로 통할 때 립스틱을 사용했다면 미쳤다고 욕을 먹고 혼이 났을 것이다. 립스틱은 여성성이 자연스러운 실천이 아니라 지속적인 노력의 산물, 특정 나이나 외모를 통해 사회적으로 구성되는 효과임을 증거한다. 동시에 립스틱은 여성성이 유사한 경험의 경로를 통해 구축되는 것이 아니라 '여성' 개개인이 처한 상황에 따라 매우 다른 방식으로 구축됨을 알려 준다. 여담으로 나는 보라색 립스틱을 좋아한다. 색약이라 파란색이니 남색 계열 립스틱과 구분하지 못하지만. [루인]

마스카라

아름다움을 목적으로 속눈썹에 바르는 화장품. 길고 뚜렷하고 풍성한 속눈썹을 연출하는 데 도움을 준다. 유지에 목탄을 섞은 것이 주성분이다. 검은색을 기본으로 생각하기 쉽지만 파란색, 보라색, 녹색, 흰색 등 다양한 색상이 출시된다. 주로 한 뼘보다 짧은 길이의 막대형 케이스에 내용물이 담겨 있으며, 속눈썹을 빗는 용도의 브러시와 뚜껑은 일체형으로 되어 있다. 안구 건조를 유발할 수 있으므로 안구 건조 증세가 있는 사람은 사용에 주의를 요한다. 땀이나 눈물 등 수분에 잘 번지지 않는 '워터프루프 마스카라'부터 지속성, 영양 공급 등을 목적으로 하는 '톱코트 마스카라', 사용 시 브러시가 진동하는 '전동 마스카라'에 이르기까지 다양한 제품이 있다. 속눈썹에 마스카라를 바를 때 명한 표정이 되어 자연스레 입이 벌어지는 현상을 '마스카라 얼굴'(mascara face)이라고 부르기도 한다.

마음

1. 일반적으로 마음이라는 말은 특정 상황에서의 사고, 감정, 태도, 의도뿐 아니라 한 사람의 안정적인 특징 또는 캐릭터라고 할 수 있는 성격 특성을 포괄하는

Dramatise your eyes with
FRENCH FORMULA CAKE MASCARA
a new and very lush mascara to make your lashes compellingly beautiful and lustrous. The tapered swirl brush coats and curls every lash, even in hard-to-reach corners, with a waterproof coating of color that stays on until you remove it, yet leaves every lash soft and separate.

Germaine Monteil

마스카라

[상] 저메인 몬테일(Germaine Monteil)사의 1965년 광고. 지금과 같은 마스카라의 형태가 아닌 '박스형'이라는 점이 눈에 띈다.

[하] 초창기 형태의 마스카라는 박스에 고체 내용물과 어플리케이터가 포함된 구성이었고, 케이크 마스카라(Cake Mascara)라고 불렀다. 메이블린(Maybelline)사의 케이크 마스카라 모델.

의미로 사용되는 듯하다. 마음은 겉으로 보이지 않는다. 보이는 것은 언어적이거나 비언어적인 다양한 '행동'들이다. 사람의 행동은 그 상황적 특성(상황의 특이성 및 상황적으로 부여된 역할, 각종 사회적 압력 및 규범)과 개인의 내적 특성(성격, 태도, 가치관 등)이 복잡하게 얽혀서 나타난다. 이렇게 '행동'이 겉으로 나타나기 전 내면에서 여러 외적 요소들과 내적 요소들이 만나며 만들어 내는 다양한 의식적 또는 무의식적 역동들 또는 내적 과정(inner process)을 마음이라고 볼 수 있다.

2. '마음대로'라는 말처럼 이리저리 쉽게 통제할 수 있으면 좋겠지만 그렇게 할 수 없는 것. '키'를 줄이거나 늘일 수 없고, 애초에 설정된 한계로 할 수 없는 동작들이 있으며, 지나치게 무리하면 에너지가 닳아 버리는 신체와 같이 '마음' 역시 사람에 따라 타고나는 고유한 개성과도 같은 부분들과 인간이기에 지니게 되는 한계, 무리하면 방전되어 잠깐 작동을 멈추고 가출하는 듯한 현상을 보인다. 하지만 많은 사람들은 오만하게도 보이지도 잡히지도 않는 마음을 잘 이해하고 있고

뜻대로 통제할 수 있다고 믿으며 그렇게 되지 않으면 쉽게 좌절하곤 한다. 자신의 마음을 잘 다스리지 못하는 타인에 대해서도 비난을 서슴지 않는 경향을 보인다. 하지만 마음을 뜻대로 다스릴 수 있다는 환상은 소망에서 오는 것일 뿐 사실과는 다르다. 우리가 자신의 마음에 대해 진실이라고 믿는 부분들도 상당 부분 자신과 타인의 소망 또는 압력, 각종 합리화에서 오는 자기기만인 경우가 적지 않다. 본인의 마음이나 타인의 마음을 제대로 알 수 있는 가장 좋은 방법은 우선 좋은 태도를 가지는 것으로부터 시작된다. 마음을 '마음대로' 할 수 있다는 오만을 버리는 것, 보기 싫은 것들까지 있는 그대로 바라볼 자세를 가지는 것, 인간으로서 자신과 타인의 한계를 지각하고 그에 대해 너그러워지는 것, 다만 그 한계를 보완하기 위해 끊임없이 스스로를 경계하고 노력하는 것. 마음에 대한 이해는 많은 용기와 겸손 그리고 노력을 필요로 한다. [박진영]

맥박

심장이 박동하여 혈액을 밀어냄에 따라 동맥이 팽창과

이완을 반복하게 되는데, 이를 맥박이라 한다. 보통 손목의 요골동맥이나 턱 밑의 경동맥을 손으로 대어 맥박이 뛰는 것을 파악하고 이를 통해 심박수, 혈관 경화 상태, 긴장 등 체내 상태를 측정한다. 한의학에서는 '진맥'을 환자 진단의 기본 도구로 삼는다. 맥을 짚는 행위를 통해 기·체질·음양오행 따위를 파악하여 만병을 경험적으로 진단한다는 것이다.

맹장

'막창자'라고 부르기도 하는 맹장은 소장에서 대장으로 넘어가는 부분에 위치한 주머니 모양의 기관이다. 맹장 아래 안쪽에는 약 10 cm 길이의 손가락 모양으로 돌출된 충수라는 돌기가 있는데, 이는 포유류에서 퇴화한 기관으로 인간과 토끼에게만 남아 있다. 충수에는 감염에 저항할 수 있는 림프 조직이 발달돼 있지만, 오히려 이 림프 조직의 비대로 충수염이 발생하기도 한다. 맹장과 충수는 특별한 기능 없이 대장의 일부를 형성하는 기관으로, 충수를 떼어 버려도 생명에는 지장이 없다. 맹장염은 충수염의 잘못된 말이며, 수박씨나 머리카락을 먹으면 충수염에 걸린다는 말은 낭설이다.

머리카락

머리카락은 단백질의 일종인 케라틴으로 이뤄지며 모간과 모낭으로 구성된다. 생명과 관계된 중요한 생리적 기능은 없으나 외모 연출에 주된 역할을 하며, 자외선 차단 및 피부의 마찰 감소 등에 도움을 준다. 혈액형과 유전자 정보를 담고 있어 범죄 수사에서 주요한 단서로 활용되기도 한다. 호르몬 시스템에 문제가 생기거나 대머리 유전력을 지닌 사람의 경우 탈모를 겪을 수 있다. 머리카락은 인종과 개인의 신체적 특질에 따라 색상, 굵기, 강도, 컬(curl), 숱 등에서 다양성을 보인다. 머리카락에서 멜라닌 색소가 사라지면 흰머리가 자라게 되는데, 이는 노화와 유전적 요인 등에 의한 것이다. 현재 기네스북에 등재된 '세계에서 가장 머리카락이 긴 여성'은 중국의 시에 치오핑(Xie Qiuping)이며, 2004년에 측정한 그 길이는 약 5.6미터에 달했다. 그는 13세였던 1973년부터 현재까지 머리카락을 자르지 않은 것으로 알려졌다.

멍

아픔에 대한 몸의 기억. 그러나 역설적으로 "다친 부위는 아름다움에 가까워진다. 노랑, 초록, 파랑, 보라. 절반 이상이 무지개와 같은 색으로 이루어져 있기 때문이다." *

멜랑콜리아

기원전 400년경 히포크라테스가 처음으로 명명한 말로 우울에 젖은 내면의 상태를 가리킨다. 영화 <멜랑콜리아(Melancholia)>는 세상의 종말을 감지하는 '예외적 인물'들이 최후의 날과 대면하기까지의 과정을 그린다. "멜랑콜리아에 대한 연구의 역사는 고대 그리스의 피타고라스학파로 거슬러 올라간다. 그들의 체액설은 인간을 네 유형으로 분류하는데, 그들은 그중 '흑담즙'이 지배하는 우울한 체질을 멜랑콜리아라 명명했다. 이후 이 학설은 점성술과 결합하였고, 각각의 체질은 그것에 영향을 준다고 긴 주되는 행성들과 싹을 냇세 되는데, 멜랑콜리아는 토성의 영향을 받는 것으로 규정됐다. 이후 멜랑콜릭들은 병리적인 존재로서만이 아니라, 자신의 저 예외적인 우울함 속에서 세계의 이면을 투시하는 특별한 존재로 간주되기에 이른다." **

모싱(Moshing)

슬램, 슬램 댄싱 등으로 불리는 모싱은 라이브 공연 도중에 관객들이 서로를 과격하게 밀치며 춤을 추는 문화를 말한다. 모싱은 주로 메탈, 하드 코어 펑크 등의 헤비니스 음악 장르에서 특화되어 왔고, 이러한 문화는 언더그라운드 음악의 발전과 함께 1980년대 초를 기점으로 확산됐다. 일반적인 경우 관객들은 무대 근처에 '핏'(Pit)이라는 구역을 자율적으로 형성하고, 그 구역을 중심으로 에너지를 주고받으며 거칠게 접촉한다. 최근에는 음악 장르에 크게 구애받지 않고 록 페스티벌 등지에서 모싱을 즐기는 음악 팬들을 쉽게 찾아볼 수 있다. 2013년에 발표된 <헤비메탈 콘서트에서 모싱하는 이들의 집합 행동>이라는

*   김소연, «한 글자 사전», 마음산책, 2018, 144쪽.

**   신형철, <저스틴, 이것은 당신을 위한 종말입니다>, «씨네21» 863호.

멜랑콜리아
멜랑콜리아는 우울에 젖은 내면의 상태를 가리킨다. 알브레히트 뒤러(Albrecht Dürer),
<Melencolia I>, 1514.

모싱
슬램, 슬램 댄싱 등으로 불리는 모싱은 라이브 공연 도중에 관객들이 서로를 과격하게
밀치며 춤을 추는 문화를 말한다.

논문은 자칫 불균형적으로 보이는 '모시 핏'(Mosh Pit)이 구조적으로 어떤 균형을 내재하는지에 대한 연구다. * 이 논문은 모시 핏을 일종의 '안전지대'로 설명한다. 그러나 모싱을 결코 안전한 행위로 볼 수는 없다. 모싱으로 인한 최초의 사망 사고는 이미 90년대에 록 밴드 스매싱 펌킨스의 공연 중 발생했다. 2015년 멜버른의 한 페스티벌에서는 모시 핏 안에 있던 남성이 여성들을 향해 자위행위를 하는 성폭력 사건이 발생하기도 했다.

목

목, 기억과 감각을 연결하는 신체 부위, 혹은 갈망의 부위. 목에는 주로 옷깃이나 스카프, 금속 목걸이 띠위가 놓이지만, 때로는 다른 사람의 손이나 목이나

* Jesse L. Silverberg, ‹Collective Motion of Moshers at Heavy Metal Concerts›, Laboratory of Atomic and Solid State Physics and Department of Physics, Cornell University, 2013.

입술이 닿기도 한다. 목의 주름은 나무의 나이테와 유사하여 주인의 나이를 짐작하게 하지만, 완전히 신뢰할 만한 것은 아니다. 목 사용법은 대개 두 가지로, 앞에서 서술한 대로 관능적인 방법이 첫 번째이고, 폭력적인 방법이 두 번째이다. 목, 척추동물의 머리와 몸통을 연결하는 가느다란 부위, 숨이 지나가는 부위. 목을 부러뜨리면 생명이 사라진다. 관능으로 시작해서 폭력으로 돌변하는 경우가 있었다. 그건 처음부터 폭력이었을 것이다. 목, 시선의 정념이 격동하는 거의 유일한 신체 부위, 혹은 죽음이, 어쩌면 가장 먼저 지나가는 부위이자 죽음의 흔적이 가장 확실하게 자리하는 부위. [한유주]

목걸이

장식을 목적으로 목에 걸치는 장신구의 일종. 아름다움을 꾀하는 일차적 목적 외에도 착용한 사람의 신분이나 지위 등을 드러내는 역할을 하며 주술적 의미를 지니기도 한다. 목걸이를 가리키는 영어 단어 'Necklace'에는 '교수용 밧줄'이라는 뜻도 있다. '죽음의 목걸이'(Necklacing)는 아파르트헤이트 정권에 협력한 흑인들에게 행해졌던 즉결 처형 방식의 이름이다. 휘발유로 가득 찬 타이어를 목에 씌우고 불태우는 이 잔혹한 처형 방식은 국제 사회의 많은 비판을 받았다. 죽음의 목걸이는 아파르트헤이트 정권의 몰락과 함께 공식적으로는 자취를 감췄다. 하지만 2008년 이후 이민자들에게 린치를 가하는 수단으로 부활한 것이 알려져 논란이 이어지고 있다.

목소리

목 안의 성대를 떨어 소리를 내는 것. 단지 성대를 떠는 소리만으로는 의미를 가지지 않지만, 혀와 입을 사용해 특정 언어에 해당하는 소리를 연결해 내면 '말'이 된다. 목소리는 아마도 '말'을 하는 소리를 전반적으로 일컫는 것 같다. 목소리는 인간이 사회적인 관계를 맺는 데 꼭 필요한 요소 중 하나로, '목소리가 좋다'는 것은 그 사람의 매력을 판단하는 데 큰 장점으로 작용하며, 특히 '전화 목소리'가 좋은 것은 특정 직업을 갖거나 연애를 하는 데도 도움이 되는 것 같다. 발음이 얼마나 정확한지 혹은 얼마나 매력적으로 그 소리를 내는지에 따라 '꿀성대', '달팽이관에 내린 축복' 등 기분 좋은 별명이 붙기도 하나, 그 반대의 경우 '모기 목소리', '헬륨 목소리' 등 가늘고 여린 목소리를 비하하는 썩 기분 좋지 않은 별명이 붙기도 한다. [이랑]

목욕

물로 몸을 씻어 내리거나 물에 몸을 담그는 것. 청결을 위한 개인적인 행위이지만 의례로서 이뤄지기도 한다. "어떤 수준에서 개인 청결은 당연히도 피상적이다. 왜냐하면 청결은 신체의 표면에만 해당되는 것이기 때문이다. 이와 동시에 우리의 심오한 감정이나 충동을 반영하는 거울이고, 그것과 우리를 이어 주는 다리이다. 거의 모든 종교에서 물과 정화는 은총, 용서, 부활 등을 반영하는 상징이다. 세계 곳곳의 종교 신자들은 기도 전에는 이슬람교도처럼 말 그대로 몸을

목욕
피에르 오귀스트 르누아르(Pierre-Auguste Renoir), <목욕하는 여인들(Les grandes baigneuses)>, 1887.

씻든 가톨릭교도처럼 은유적으로
성당 입구의 성수반에 손가락을
담그든 어쨌든 씻는다."*

몸

몸, 빛과 그림자, 들숨과 날숨,
형태와 움직임, 무거움과 가벼움,
표정, 표정들, 구멍, 구멍들,
조직되는 몸, 기관 없는 몸, 살,
피, 뼈, 털, 땀, 고름, 열, 섹스, 웃음,
눈물, 관리, 감시, 통제, 퉤! 반항,
순종, 실종, 비밀, 오줌, 탄생, 똥,
죽음, 폐색, 발파, 상처, 접촉, 접촉!
비밀, 귀환, 노래, 상승, 한숨, 침묵,
맥박, 두통, 복통, 허기, 체기, 먼눈,
뜬눈, 꿈, 미로, 회로, 춤, 망각,
기억, 마비, 전율, 뛰기, 뻗기, 서기,
기기, 추락, 환호, 비통, 먼지, 별,
전생, 후생, 억겁, 찰나, 나, 너,
혼자, 우리, 시간, 공간, 사이, 간극,
벗어나기, 벌어지기, 열거하기,
종합하지 않기, 요약되지 않기,
빠져나가기, 끝없이 이어지기,
한없이 모자라기, 납작해지기,
구불거리기, 가장 멀리서 오기,
지금-여기로 오기, 너무 늦게
오기, 결코 오지 말기, 대답이
되기, 아니 질문이 되기, 비틀비틀,
인간이 아니기, 인간이기, 느끼기,
말하기, 차라리 더듬거리기,
몸은 영혼의 딸꾹질, 한없이
딸꾹질하기, 불가능한 것을
말하기, 말하는 것을 불가능하게
하기, 딸꾹, 딸꾹, 끊어지며 잇기,
있기, 눈 위에 점점이 새겨지는
묻혀 가는 사라지는 녹는, 발자국,
걷는 발바닥의 가는 후렴구,
그것이 너의 영토, 몸의 기분,
리듬의 승리, 그러므로 열거하기,
중얼거리며, 계속 열거하기, 몸들,
끝없이, 끝없는, 텍스트. [김예령]

몸개그

앙리 베르그송은 «웃음»이라는
(웃음은커녕 하품만 나오는)
책에서 신체는 희극의 것이고
따라서 비극 작가는 주인공의
신체적인 측면으로 우리의
관심을 끌 수 있는 모든 요소를
피하려고 노력한다고 지적한다.
비극에 등장하는 주인공들은
뭘 마시지도 먹지도 몸을
따뜻하게 하지도 않는다.
심지어 가능한 한 그들은 어디
앉지도 않는다. 긴 독백을 하는
중에 앉는다는 것은 주인공이
몸뚱이를 가지고 있음을
상기하는 것이기 때문이다. 그런
의미에서라면 트위터야말로
몸개그의 집대성이다.

*   캐서린 애셴버그, «목욕, 역사의 속살을 품다», 박수철 옮김, 예지, 2010, 13쪽.

몸개그
찰리 채플린의 영화 <그의 새 직업(His new job)> 중 몸개그 장면. "앙리 베르그송은 «웃음»이라는 (웃음은커녕 하품만 나오는) 책에서 신체는 희극의 것이고 따라서 비극 작가는 주인공의 신체적인 측면으로 우리의 관심을 끌 수 있는 모든 요소를 피하려고 노력한다고 지적한다."

트위터에서 우리가 보는 것은 항상 무언가를 마시고 먹고 몸을 따뜻하게 하는 앉아 있는 (혹은 누워 있는) 사람들이다. 그들은 그곳에서 눈물과 콧물을 흘리고 방귀를 뀌며 똥과 오줌을 싼다. 앙리 베르그송이 다시 태어난다면 그의 책 제목은 «트위터»가 되었을 거다.
[금정연]

몸단속
여성들의 옷차림 등을 지적하며 이 세상 온갖 범죄의 원인을 여성들에게 돌리려는 시도. 1980년대 한국에서는 여성들의 치마 길이를 단속하기도 했으며 미니스커트 단속에 걸린 여성은 '긴 치마 입으세요'라는 팻말을 들고 길 한가운데 서 있어야 했다. 여성의 노출이

우발적인 성범죄율을 높일
수 있다는 놀라운 상상력은
21세기에도 지속되고 있다.
경찰청 공식 블로그에는 성폭력
예방 요령으로 "계단을 오를
때 핸드백이나 가방으로 뒤를
가린다"라는 팁이 올라와 있다.
어서 이 놀라운 상상력을 가진
남성들이 여성 부르카 강제
착용을 위한 각종 시위를 시작해
전 세계 뉴스에 한국의 이름이
오르면 좋겠다. 그것이 국위
선양이 아니고 무엇이겠나.
[은하선]

몸짓

그는 학교에서 옷을 벗겠다고
했다. 옷이 싫다는 것처럼,
교실에서 자꾸만 옷을 벗으려고
했다. 사람들은 그에게 지적
장애가 있고 그래서 사회적
관습을 제대로 습득하지 못해
그런다며 공공장소에서는 옷을
벗으면 안 된다고 가르쳤다.
반복해서 여러 번 가르쳤지만
그의 행동은 바뀌지 않았다.
나중에 알려지길, 그는 자신을
여성으로 인식했고 그래서
전형적 남성 복장을 입고 싶지
않다는 의도로 옷을 벗는 몸짓을
한 것이었다. 그의 행위는
공공장소에서 옷을 벗겠다는
행동이 아니라 자신의 젠더를
표현하기 위한 몸짓이었다.
하지만 그 신호는 그가 장애로
문화 관습을 제대로 몰라 그러는
것으로 독해됐다. 몸짓은 말보다
많은 것을 담고 있지만 문화적
해석 과정을 거치며 독해
불가능한 행동이 되기도 한다.
몸짓은 문화의 해석 체계를
질문한다. [루인]

무릎

고양이와 올빼미가 닮았듯,
무릎과 이마는 흡사하다. 둘은
서로 당긴다. 두 개의 돌을 맞대듯
이 둘을 포개어야 하는 걸까.
뻣뻣한 몸에겐 그냥 되지는 않는
일이다. 너는 불을 켜지 않은 채
두 무릎을 모아 세운다. 그 위로
양팔을 올려 높이를 만든다.
거기다 머리를 깊게 묻는다.
그러면 비로소 이마는 제 닿을
자리를 찾을 수 있다. 아무것도
바라볼 필요 없이 오직 네 아래로
패는 작은 어둠만을 응시하면
되기에 이 자세는 자연 내향의
나선 구도를 도출하며, 너는 혹시
네 전체가 둥글게 맴돌다 제풀에
아물리는 자폐의 귓바퀴나 굴
껍데기가 아닌가, 그걸 확인할
필요는 없다. 너는 네 팔의 위쪽을
누르는 이마의 딱딱함을, 네

팔의 아래쪽으로 배겨 오는 무릎의 단단함을, 마치 열 겹 요를 깔았어도 그 아래에서 여전히 네 안락한 수면을 방해하는 한 점 굳은 콩알처럼, 점점 더 강하게 느끼고 있을 것이다. 이 자세는 근본적으로 예각(銳角)이라 불편하고, 그럼에도 좀처럼 풀기 어렵다. 순전히 풀기에도 여의치 않아 그 자세를 유지하며, 너는 그런데 바로 이것이야말로 진정한 무릎베개가 아닌가, 자문할 테다. [김예령]

바이섹슈얼

둘 이상의 젠더에 성적으로 끌리는 사람으로 흔히 양성애자라 불린다. "그런 탓에 사람들은 양성애자를 동성애자와 이성애자 사이를 방황하는 사람으로 오해하기도 하지만 이는 잘못된 생각입니다." *

반지

손가락에 끼는 동그란 고리 형태의 장신구. 금, 은, 동, 유리, 나무, 철, 수정, 인공석 등 다양한 재료를 가공하고 변형하여 만든다. 보석과 같은 조각을 박아 장식미를 더하거나 음각의 문자를 새기는 등 고대의 유물에서부터 현대의 공산품에 이르기까지 다양한 형태와 디자인을 찾아볼 수 있다. 서약의 징표로서 상징적 의미를 지니기도 하며, 도장과 부적의 쓰임새를 가지기도 한다. 결혼식에서 반지를 주고받는 풍습은 기독교에서 유래한 것으로 초창기에는 철로 만든 반지 안쪽에 배우자의 이름이나 이니셜, 결혼 날짜 등을 새겼다. '영원함'의 상징으로 알려진 다이아몬드 반지는 현대적 결혼반지의 대표 격으로 인식된다. 결혼반지는 주로 왼손 약지에 끼는데, 이것은 왼손 약지의 혈관이 심장과 직결되어 있다는 고대 그리스인들의 믿음에서 비롯됐다. 사무엘 베케트의 <왔다 갔다(Come and Go)>는 실제로 반지가 등장하지는 않지만 어째서인지 반지가 결정적인 역할을 하는 듯 보이는 짧은 희곡이다. 정체를 알 수 없는 세 명의 인물은 말 그대로 '왔다 갔다' 하면서 맥락 없는

---

*   한국게이인권운동단체 친구사이·동성애자인권연대·한국레즈비언상담소·한국성적소수자문화인권센터, 《무지개 성 상담소》, 양철북, 2014, 30쪽.

Ringe.

1. Altägyptischer glasierter Thonring.
2. Altägyptischer glasierter Thonring.
3. Goldring einer äthiop. Königin. (Röm. Kaiserzeit.)
4. Altägypt. Siegelring mit drehbarem Petschaft.
5. Goldring aus Mykená. (12.–15. Jahrh. v. Chr.)
6. Griech. Bronzering. (8. Jahrh. v. Chr.)
7. Griech. Goldring. (6. Jahrh. v. Chr.)
8. Griech. Ring. (4. Jahrh. v. Chr.)
9. Griech. Goldring. (Blütezeit.)
10. Römischer Ring aus der Kaiserzeit. (Bronze vergoldet.)
11. Goldring mit geschnittenem Sardonyx. (Rom, frühe Kaiserzeit.)
12 u. 12a. Römischer Ring mit Kamee. (Zeit des Augustus.)
13.–15. Etruskische Goldringe. (5.–6. Jahrh. v. Chr.)
16. Indischer Frauen-Spiegelring. (Bronze.)
17. Siegelring eines indischen Bramahnen. (Gold.)
18. Angelsächs. Verlobungsring.
19. Amulettring, England. (15. Jahrh.)
20. Ring Darnleys.
21. Ring Karls I. von England
22 u. 23. Trauringe Luthers und Katharina von Boras.
24. Ring Friedrichs d Gr.

반지
고대의 반지들. 반지는 서약의 징표로 쓰이는 등 상징적 의미를 지니기도 하며,
도장과 부적의 쓰임새를 가지기도 한다.

대화를 주고받는다. 작중 인물 중 하나인 '플루'가 나머지 둘의 손을 붙잡고 이런 대사를 하면, 작품은 돌연 막을 내린다. "반지가 느껴지는군." 물론, 인물들의 손가락에는 아무것도 끼워져 있지 않다.

방귀

18세기 프랑스의 학자 피에르 토마 니콜라 위르토에 따르면 "방귀란 하나의 예술이다." 그는 방귀를 정확히 분류한다. 크게 모든 방귀는 한 차례 터지거나(단순 방귀), 연속해서 터지거나(복합 방귀), 둘 중 하나다. 그리고 냄새의 정도에 따라 맑은 방귀, 도둑방귀, 똥방귀로 구분된다. 또한 소음의 유무에 따라 유성과 무성으로 나뉘는데, 유성 방귀는 다시 대성 방귀와 소성 방귀로 분류된다.

방귀
크게 모든 방귀는 한 차례 터지거나(단순 방귀) 연속해서 터진거나(복합 방귀) 둘 중 하나이다. 그리고 냄새의 정도에 따라 맑은 방귀, 도둑방귀, 똥방귀로 구분된다. 또한 소음의 유무에 따라 유성과 무성으로 나뉜다.

어찌됐든 방귀는 "항문을 통해 제 정체를 드러낸다. 때로는 자연의 조화로 아무 힘들이지 않고서, 때로는 인위적인 기술의 도움을 빌려서 그렇게 하는 것이다. 이 경우, 순조로운 방출만 보장된다면, 그로 인해 얻는 기쁨과 희열은 세상 무엇과도 비교할 수 없다. '건강하게 오래 살기 위해서는 엉덩이로 바람을 뿜어 댈 필요가 있다'는 속담은 그래서 생긴 것이다." *

보지

여성의 생식기를 이르는 말. 출처가 명확하지 않은 이 단어는 일제강점기 경성부 누상정 공동변소에 기록된 "이완용 자지 보지"(1939년 4월 26일, 연필로 작성)라는 낙서에서 그 흔적을 찾을 수 있다. 페미니스트 저메인 그리어(Germaine Greer)는 자신이 편집자로 일하던 네덜란드의 전위적인 잡지 《서크(Suck)》에 <보지는 아름답다>라는 제목의 글을 실었다. "빨고 물고 보아라. 자기 성기를 빨 수 있을 정도로 몸이 나긋하지 않다면, 손가락을 부드럽게 밀어 넣었다가 뺀 뒤 냄새 맡고, 빨아 보라. 자. 최고로 값비싼 일급 요리들이 보지 같은 냄새를 풍긴다는 사실은 얼마나 신기한가. 혹은 그게 그리 신기할 일인가? 거울 위에 쭈그려 앉거나 등을 기대고 누워 다리를 벌려서 햇살이 비쳐 들게 하고, 거울로 보라. 그것을 배워라. 그것의 표현을 연구하라. 그것을 부드럽고, 따뜻하고, 깨끗하게 간수하라. 그것에 비누를 문대지 마라. 그것에 파우더를 뿌리지 마라. 꼭 세척을 해야겠거든 차가운 물로만 하라. 그것에 자신만의 애칭을 지어 주라. 해부학 교과서에 나온 표현이 아닌 이름, 푸시(Pussy), 트왓(Twat), 박스(Box) 또는 증오가 포함된 형용사인 개시(Gash), 슬릿(Slit), 크랙(Crack)처럼 남자들이 사용하는 모멸적 용어 말고 말이다. 우리에게 필요한 것은 보지를 있는 그대로 묘사하는 순수한 용어다." **

브래지어

가슴을 지탱하는 역할을

---

*   피에르 토마 니콜라 위르토, 《방귀의 예술》, 성귀수 옮김, 유유, 2016, 33쪽.
**   엘토 드렌스, 《버자이너 문화사》, 김명남 옮김, 동아시아, 2004, 26–27쪽.

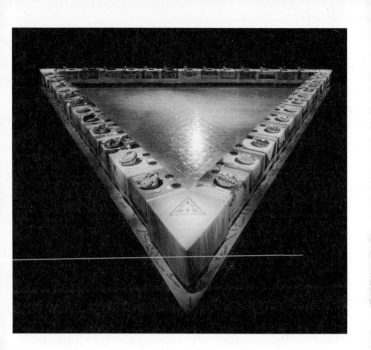

보지
페미니스트 미술가 주디 시카고(Judy Chicago)의 1979년 작품 '디너 파티'(Dinner Party).
삼각형 식탁에 39인용 식기 세트를 진열한 설치 작품으로 서구 문명에 등장하는
유명 여성을 위한 자리가 마련된 식탁 위 그릇에 보지를 상징하는 문양을 장식한 작업이다.

하는 속옷. 현대 여성의 필수 아이템이지만, 가슴 건강이나 위생을 위해 입기보다는 사회가 요구하는 가슴의 모양을 갖추기 위해 착용한다. 여러 종류 가운데 '탄력 있고 올라 붙어 이상적인' 가슴을 연출하고 싶다면 와이어와 패드로 볼륨을 높여 주는 '볼륨업' 브래지어를 착용한다. 요즘은 개인의 취향과 패션 스타일에 따라 패드나 와이어 없이 얇은 천으로 만들어진 브라렛(bralette)을 선호하기도 하고, 아예 브래지어를 하지 않는 '노브라'를 선택하기도 한다. 브래지어를 하는 것은 생각보다 답답하기 때문에 많은 사람들이 일과를 마치고 집에 도착해 브래지어를 풀며

행복감을 느낀다. 외출 시에도 원하지 않는다면 착용하지 않으면 좋겠지만, 브래지어를 하지 않은 상태─움직임이 도드라지고 젖꼭지가 드러나는 가슴은 종종 보기 민망한 것 혹은 구경거리로 여겨진다. 이러한 폭력적인 시선을 생각하면 노브라로 길거리를 누비는 것이 쉬운 일은 아니다. 그나마 시선을 의식하지 않고 밖에서 편안하게 브래지어를 하지 않을 수 있는 경우는 두꺼운 옷을 입는 겨울, 밤에 쓰레기를 버리러 나갈 때, 동네 슈퍼에 갈 때 정도다. 특히 한국에서 여성의 가슴은 지나치게 성적인 것으로 여겨지는데, 중·고등학교 여학생들은 브래지어가 비치는 것을 방지하려고 한여름에도

브래지어

[좌] 브라렛(bralette). © Geneva Vanderzeil, A Pair & A Spare, www.apairandasparediy.com
[우] 1800년대 파리 여성의 겨울철 시스루 룩(Print by Isaac Cruikshank).

교복 셔츠 안에 티나 러닝을 겹쳐 입는다. 성인이 되어서도 브래지어 일부가 겉으로 보이거나 비치기라도 하면 못 내놓을 것을 내놓기라도 한 듯 칠칠찮은 취급을 받는다. 그런 반면 속옷과 겉옷을 넘나들며 패션의 일부가 될 때도 있다. 1990년대에는 나시 밖으로 브래지어 끈을 일부러 드러내는 패션이 유행했고, 최근에는 속이 비치는 겉옷으로 브래지어를 일부러 보이게 하는 시스루 패션, 브래지어 모양과 비슷하게 생긴 뷔스티에(bustier)를 겉옷으로 입는 스타일링 등이 유행했다. [양민영]

BDSM

'Bondage', 'Discipline/Domination', 'Sadism/Submission', 'Masochism'의 약어로 구속과 훈육, 지배와 복종, 가학과 피학 등의 성적 지향 혹은 행위를 통틀어 가리키는 말. 보통 파트너와의 관계 설정에 따라 역할이 주어지며, 상호 간의 합의를 전제로 한다. 흔히 채찍, 수갑, 촛농, 가죽옷과 같은 이미지로 표상된다. BDSM 플레이어들은 감금, 결박, 고문 등의 다소 가학적이거나 피가학적인 자극 행위를 주고받으며 쾌락을 느낀다. 만화가 이우인이 성 소수자 인터뷰집 《여섯 빛깔 무지개》에서 이야기한 다음 대목은 BDSM의 쾌감을 짐작하는 데 도움을 준다. "이가 썩어서 치과 진료를 받을 때 간접적으로나마 굴복할 수밖에 없는 고통을 느꼈어요. 전혀 매력적이지 않은 할아버지 선생님이 제 입을 막 열고 헤집는데, '어, 선생님, 어떡해, 살려 주세요' 이런 기분이 들더라고요. 근데 뭔지 모르게 신경이 짜릿한 거예요. 자신을 내려놓고 내 모든 것을 맡기는 느낌이 정확하게 뭔지 모르지만, BDSM이 이렇게 느껴질 수도 있겠구나 싶었어요." *

비장애인

장애를 갖고 있지 않은 사람. '일반인' 혹은 '정상인'이라는 표현은 장애인을 비(非)일반인 혹은 비(非)정상인의 범주에 가둔다. 장애를 갖고 있든 갖고 있지 않든 모두 같은 사람이므로, 평등한 언어를 위해 장애인을

---

* 〈호모로맨스가 여기 있구나〉, 《여섯 빛깔 무지개》, 워크룸프레스, 2015, 465쪽.

BDSM

프랑스 사진가 제롬 구브리옹의 결박 사진 수수의 성적 판타지가 아니라
대중문화의 한 부분으로 수용되는 추세에 있다.©Jerome Gouvrion

기준으로 장애를 갖고 있지 않은 사람을 가리켜 비장애인이라 부른다. 2016년 8월 법제처는 "알기 쉬운 법령 만들기 사업"의 일환으로 차별적 법령 용어를 정비하겠다고 밝혔는데, 이 가운데는 일부 법령에 포함된 '정상인'이라는 표현을 '비장애인'으로 바꾸겠다는 계획도 포함돼 있었다.

뼈

골격을 이루는 조직. 체형을 유지하고 장기를 보호하며 칼슘과 인 등의 무기물을 저장한다. 태어날 때는 270개 이상이지만 성장하면서 일부는 서로 결합하고 일부는 퇴화되어 206개로 줄어든다. 단단하여 잘 만져지지만 볼 수 없다. 내 뼈는 그래서 생경하다. "통증 때문에 그녀는 전신 엑스레이를 찍은 적이 있다. 청회색 바닷속 같은 뢴트겐 사진 속에 희끗한 해골 하나가 서 있었다. 사람의 몸속에 돌의 물성을 가진 단단한 것이 버티고 있다는 사실이 놀랍게 느껴졌다. 그보다 오래전, 사춘기에 접어들 무렵 그녀는 뼈들의 다양한 이름에 매혹되었다. 복사뼈와 무릎뼈. 쇄골과 늑골. 가슴뼈와 빗장뼈. 인간이 살과 근육으로만 이루어진 존재가 아니라는 사실이 이상하게 다행으로 느껴졌다." *

사랑니

결국 사랑니는 인간이 진화해 나가면 사라지게 될 것이라 누가 말했다는데, 거기에 사랑이라는 이름을 붙여 버린 것이 너무 귀엽고 이상하다. 있는 줄도 모르고 어린 시절을 보내다 갑자기 자라나 버린 그것에 깜짝 놀라 당황하는 것. 열병에 시달리고 뼈를 깎는 아픔을 느끼게 되는 것. 그런 것에 사랑이라는 이름을 붙여 버린 것이 정말 애꿎고 도리가 없다. 나의 육체가 나의 의지와는 무관한 방식으로 구성되어 있다는 것을 가장 강렬하게 느끼게 되는 순간을 제공하는 것이 바로 사랑니 아니던가. 그런 의미에서 안데르센이 창작과 그로 인한 고통에 대한 은유로 치통을 활용했던 것은 너무나 탁월한 것이었다. 멋대로 불거졌다가 멋대로 찾아들곤

---

* 한강, « 흰 », 난다, 2016, 89쪽.

하는 그 아픔, 원래부터 내 안에 존재해 온 것. 인간의 치아에 사랑과 지혜의 의미를 담은 것이 참으로 재미있다. 그런데 아무리 말을 붙이려고 애써 봐도 f(x)가 훨씬 더 잘 설명한 것 같다. [황인찬]

색맹

감각 이상으로 색채를 분간하지 못하는 증상. 선천적이거나 후천적인 원인으로 시신경이나 뇌가 손상되어 유발된다. 오직 명암만 구분하는 전색맹과 특정 색채만 구분하지 못하는 부분 색맹으로 나뉜다. 신경의학자 올리버 색스의 «색맹의 섬»은 색맹이 모여 사는 어느 섬을 탐사한 기록이자 색맹의 감각에 대한 매력적인 보고다. 다음은 올리버 색스가 탐사 동행자 크누트 노르드뷔를 소개하는 대목이다. "크누트는 뛰어난 흑백사진작가다. 그는 사실 자신의 시력은 정색성 흑백 필름과 비슷하게 색깔을 가려서 작용하는 것이라고 설명했는데, 다빈 명임이나 농밈의 밤위는 자기가 훨씬 더 넓다고 했다. "사람들이 잿빛이라고 말하는 색깔이 있지요? '잿빛'이라는 낱말 자체는 나한테 아무런 의미가 없어요. '파랑'이나 '빨강'이 아무 의미가 없는 것과 똑같지요." 그러나 그는 이렇게 덧붙였다. "나는 내가 보는 세계가 '칙칙하다'거나 어떤 면으로든 불완전하다고 느껴본 적이 없어요." 크누트는 빛깔이란 것을 본 적이 없지만 조금도 불편하게 느껴 본 적이 없다. 그는 처음부터 자신의 눈에 보이는 세계의 긍정적인 면만을 경험했고, 자신이 가진 것을 바탕으로 아름다움과 질서와 의미를 지닌 세계를 만들어 왔다." **

생리

월경. 배란 이후 호르몬 작용에 의해 두꺼워진 자궁 내막이 (수정란이 착상되지 않아) 괴사되어 떨어져 나오는 현상. 보통 4–6일간 지속되며, 평균적으로 35ml 정도를 흘려보낸다. 그중 절반은 피이고 나머지는 떨어져 나산 사궁 내막과 실과 자궁 경부에서 분비된 물질이다. "대부분의 여성들은 생리가

** 　올리버 색스, «색맹의 섬», 이민아 옮김, 알마, 2015, 34쪽.

중력의 도움으로 자연스럽게 이루어지는 수동적인 과정이라고 생각한다. 자궁의 내벽은 부풀어 올라 아기가 될 신성한 배반포(胚盤胞) 상태의 배아를 기다린다. 배아가 나타나지 않으면, 내벽은 붕괴하고 곰팡이가 슨 벽지처럼 떨어져 내린다. 우리는 난자의 성숙에 발맞춰 조직과 양분이 공급되어 자궁 내막이 부풀어 오르는 동화 작용의 시기, 월경 주기의 전 단계가 적극적인 과정이라고 생각한다. 동화 작용을 유지시킬 일이 일어나지 않으면, 즉 임신과 착상이 일어나지 않고 자궁 내벽이 아기에게 양분을 공급할 일이 없다면, 그 활동은 멈추고 플러그는 뽑히고, 붉은 목욕물이 흐른다. 실제로는 이런 식으로 일어나지 않는다. 현대 생물학이 우리에게 가르치는 교훈을 상기하라. 죽음이 삶과 마찬가지로 적극적인 과정이라는 것을 말이다. 난자는 세포 자살 과정을 통해 죽는다. 즉 그들은 자살한다. 마찬가지로 생리도 역동적이고 유도된 과정이다. 워싱턴 대학의 진화생물학자인 마지 프로페트는 생리가 적응의 산물이라고 말해 왔다. 그것은 설계의 산물이며, 여기에서 설계자는 신들 중에 가장 위대하면서 가장 겸손한, 자연 선택을 통한 진화이다." *

생리통

임신이 되지 않은 자궁의 분노로 생리와 함께 달마다 벌어지는 통증 현상. 어느 정도 분노하는 자궁을 가졌는지에 따라 고통의 정도가 매우 다른데, 매번 응급실에 실려갈 정도로 강한 분노를 표출하는 자궁이 있는가 하면, 적당한 약 처방으로 분노를 가라앉히는 것이 가능한 다소 순한 자궁도 있다. 통증은 자궁 부위의 복부를 중심으로 나타나지만 요통, 골반통, 유방통 등을 동반할 때가 많고, 때로는 전신이 몸살에 걸린 듯 저리고 아프다. 생리 시작과 동시에 통증이 오는 경우도 있지만, PMS 기간이나 배란기에 오는 경우도 있어 심하면 한 달의 절반 이상을 생리와 관련한 통증으로 시달리게 되는 것이다. 이 모든 통증을 담아내기에

* 나탈리 앤지어, 《여자: 그 내밀한 지리학》, 이한음 옮김, 문예출판사, 2003, 167–168쪽.

'생리통'이라는 표현은 너무 간단하게 느껴지는데 '생리지옥통', '생리고문통', '생리FUCKING통' 등 조금 더 시정에 맞게 진화된 표현이 나오기를 바란다. [이랑]

성감대

외부 자극에 성적 쾌감을 느끼는 신체 부위를 말한다. 주로 피부와 점막이 닿는 곳, 신경 말단이 모인 곳에 분포한다. 민감한 정도는 개인마다 다르다. "몸은 담기는 동시에 담는 역설을 보여 주는 존재다. 그러므로 우리의 관심은 자꾸만 몸의 경계 혹은 한계로 집중되기 마련이다. 바깥에서 볼 때는 대상으로서의 몸의 한계에, 안에서 볼 때는 물리적 공간 확장의 한계에 주목하게 된다. 라캉은 '성감대'를 몸의 표면에 갈라지고 벌어진 부위—입술, 항문, 음경 말단, 눈꺼풀 사이의 틈 등—으로 묘사했다. 그러한 구멍들과 관련된 기관의 기능으로부터 몸을 분화시킴으로써 '끝', 경계, 가장자리를 인식할 수 있게 하는 것이 바로 이러한 몸의 표면에 있는 틈이나 구멍이라는

것이다. 이러한 틈이나 구멍은 주체의 표면에서 묘사되므로 거울상도 없고 재현할 바깥 같은 것도 없다. 바로 이 점이 그것들을 "그 주체를 채우는 '속', 좀 더 정확히는, 의식의 주체가 되는 데 필요한 바로 그 주체[의] … 일종의 안감으로 만든다." 그러므로 무언가가 들고나는 이러한 구멍들은 주체, 즉 개별적 몸, 궁극적으로는 자아라는 개념을 구성하기 위해 작동하며, 이로 인해 그러한 경계를 넘는 생성물들은 대단한 문화적 관심사가 된다."**

성적 대상화

성적 대상화, 관능의 주체와 대상을 죽여 버리는 단어. 모든 관능이 사라진 단어. 압도적인 불쾌함을 발생시키는 단어. 죽여 버리고 싶은 단어. 주체가 말살되는 단어. 그러나 내가 말살되기 전에 소멸시키고 싶은 단어. 신체와 관련된 아름다운 단어들을 더럽히는 단어. 드물게, 간혹, 때로, 자주 죽여 버리고 싶은 단어. 성적 대상화의 대상은 감정과 관련된 그 어떤 단어들로도 자신의

**   수잔 스튜어트, 《갈망에 대하여》, 박경선 옮김, 산처럼, 2015, 221쪽.

감정을 설명할 수 없다. 불쾌의 총합을 넘어서는 단어. 대상이 말살되는 언어. 그러나 그래서는 안 된다. 저항을 불러내는 단어. 시선의 우위를 착각하게 하는 단어. 그러나 착각해서는 안 된다. 분노를 불러일으키는 단어. 그러나 죽여도 죽지 않을 것이다. 더러운 것은 내가 아니다. [한유주]

성 정체성

한국에서 나름 널리 쓰이지만 그만큼 의미가 모호한 개념 중 하나. 성적 정체성(sexual identity)으로 쓰이느냐 젠더 정체성(gender identity)으로 쓰이느냐, 혹은 그 모두를 아우르는 용어로 쓰이느냐에 따라 의미와 개념과 지시하는 바가 매우 다르다. 그리하여 사람 많은 곳에서 성 정체성이란 용어를 사용한다면 때로 대화의 길이 끊기고 어색하거나 난감한 순간이 발생할 수도 있다(言語道斷). 이것은 한국에서 성(性)이란 용어 자체의 의미가 폭넓고, 성적인 것과 젠더를 구분하는 방식 모두를 포괄하는 개념이기 때문이다. 만약 '성적 정체성'을 의미하는 개념으로 성 정체성을

사용한다면 양성애, 동성애, 이성애 등 성적 선호나 성적 지향을 지칭한다. 여기서 이성애 역시 하나의 성적 정체성/ 성정체성이란 점에 주목하자. 흔히 성적 정체성/성 정체성 의제는 동성애(때때로 양성애) 이슈로 생각하면서 그들만의 문제로 여기지만 이성애 역시 성적 정체성/성 정체성의 하나다. 많은 사람이 이 사실을 잊거나 간과하는 이유는 이성애를 자연 질서로, 인간의 초역사적 보편 경험으로, 여타의 성적 정체성을 판단하고 재단할 토대로 인식하기 때문이다. 만약 '젠더 정체성'을 의미하는 개념으로 성 정체성을 사용한다면 비트랜스여성/시스여성, 비트랜스남성/시스남성, 트랜스여성, 트랜스남성, 트랜스젠더, 젠더퀴어, 인터섹스 등을 지칭한다. 자신의 젠더를 어떤 식으로 인식하느냐, 즉 이 사회가 규정하는 젠더 혹은 태어날 때 지정받은 젠더와 어떤 관계를 맺느냐에 따라 다양한 젠더 정체성/성 정체성이 형성된다. [루인]

성형수술

얼굴을 포함한 신체의 형태를

수술로 바꾸는 것. 2016년 현재 성형수술은 더 이상 새롭거나 낯선 행위가 아니지만, 성형수술 경험이 있다는 사실은 여전히 놀림거리나 농담의 소재가 된다. 사회적인 인식이 '성형은 안 된다'에서 '성형을 했건 말건 예쁘기만 하면 된다'는 방향으로 변화하긴 했으나 후자 역시 외모 지상주의를 기반으로 한다는 점에서 조금도 진보하지 않은 것으로 보인다. 성형외과가 몰려 있는 압구정역 근처의 광고 이미지, 그리고 인스타그램에서 #성형수술 해시태그로 검색해 나오는 결과물을 보면, 성형수술이 누구에게 더 적극적으로 권해지는지—미적 완성도에 대한 압박이 누구에게 더 무겁게 가해지는지를 분명하게 알 수 있다. 열 건에 한두 건을 빼면 대부분의 성형외과는 여성을 모델로 내세워 홍보하며, 그래서 여성들은 오늘도 눈, 코, 입이나 턱 선은 말할 것도 없고 가슴(확대 수술과 축소 수술), 성기(소위 질을 '쫀쫀하게' 만드는 수술과 '늘어진 소음순'을 교정하는 수술) 등 이런 데까지 성형해야 되나 싶은 부위를 수술하라고 권유하는 광고에 둘러싸여 살아간다. [황효진]

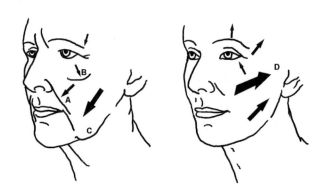

성형수술
가장 흔한 미용 성형 중 하나인 얼굴 주름 제거 성형술 혹은 페이스 리프팅.
얼굴 피부밑을 벗겨내 피부를 들어 올리고, 당겨서 주름을 펴는 원리다. 당길 때 남는 피부가
있으면 절제한 후 봉합한다.

섹스

행복과 건강과 관계 만족의 중요한 원천. 몸으로 하는 것이지만 대화를 기반으로 해야 하는 것. 행복과 관련된 수십 년간 연구의 결론은 결국 행복이란 대단한 성취라기보다 '일상'에서 온다는 것인데, 그 요인 중 하나가 '만족스러운 성관계'다. 저명한 심리학자 대니얼 길버트는 "사람들은 돈을 많이 벌어서 여유를 즐기고 편하게 살면 행복해질 거라고 생각하지만 우리의 마음은 뭔가에 빠져 있을 때 행복하다. 친구와 수다를 떨거나, 뭔가를 만들거나, 성관계를 할 때가 대표적이다"라고 말했다. 이렇게 성관계는 관계 만족도에 중요함은 물론이고 개인의 행복을 위해서도 중요하다. 또한 양질의 성관계는 건강을 위해서도 중요한 것으로 알려져 있다. 특히 여성의 경우 나이가 들어서도 만족스러운 성관계를 자주 하는 사람들이 그렇지 않은 사람들에 비해 심혈관 질환을 겪을 확률이 낮다는 연구 결과들이 있었다. 하지만 안타깝게도 다른 젠더 커플에 비해 시스젠더 헤테로 커플, 특히 헤테로 여성의 성적 만족도는 낮은 것으로 알려져 있다. 관련해서 약 70%의 여성이 성관계 시 적어도 한 번 정도는 오르가슴을 '연기'해 봤다고 응답했다는 조사 결과도 있다. 그 이유는 '마음에 들지 않는 관계를 일찍 끝내 버리기 위해', '상대방(남성)의 기분을 상하게 할까 봐 솔직하기 어려워서' 등이었다. 하지만 결국 성관계는 '함께' 하는 것이요 무엇이든 함께 하기 위한 가장 기본은 '대화'다. 어떤 흥분제보다 원하는 바에 대한 솔직하고 충분한 대화가 성적 만족도에 중요한 영향을 미친다는 연구도 있었다. 결국 (양질의) 섹스는 몸과 마음이 함께 소통하는 과정임을 잊지 말 것. [박진영]

섹스토이

섹스토이라고 하면 남성 성기 모형을 떠올리는 경우가 많다. 그래서 남성 성기를 대신할 무엇으로 생각하기도 하지만 그건 선입견일 뿐이다. 매끈한 원기둥 모양으로 만들어진 제품에서부터 야채 모양의 제품까지 다양한 섹스토이들이 있다. 유리, 실리콘, 메탈 등의 소재로 만든다. 온도에 따라 색깔이 변하는 독특한

섹스토이
14㎝ 규격의 투명 젤리 딜도(dildo).

실리콘으로 만드는 제품도 있다. 매년 베를린과 하노버, 홍콩, 도쿄 등의 도시에서 섹스토이 박람회가 열리며 지금 이 순간에도 신제품이 만들어지고 있다. 작은 혀 모양의 실리콘이 선풍기처럼 돌아가며 클리토리스를 자극하도록 만들어진 제품에서부터, 클리토리스를 빨아들이듯이 자극하는 제품까지 나와 있다. 섹스토이는 남성 대용이라고 생각하는 경우가 많아서 당연히 자위 기구라고 생각하는 사람들이 많은데, 혼자서는 물론이고 파트너와도 사용할 수 있는 도구다. 레즈비언 커플의 경우 '제3의 손'으로 딜도를 사용할 수도 있으며 하네스(harness) 등을 활용해 골반에 딜도를 고정시킬 수도 있다. 남자들을 위한 안쪽이 뚫린 홀 모양의 섹스토이도 있다. 남자들을 위한 섹스토이에 대한 언급이 너무 짧다고 느꼈다면 기분 탓이다. 남성에게는 페니스뿐만 아니라 애널도 있다. [은하선]

손

팔목 끝에 위치하는 부분으로 손바닥, 손등, 손가락으로 구성된다. 무언가를 만지거나 붙잡거나 미는 등의 역할을 한다. 인간의 손은 한편 인류가 이룩한 문화를 상징하며, 어떤 힘에 대한 메타포로 자주 사용된다. "일찍이 다윈의 전 세대인 찰스 벨(Charles Bell)이 《손(The Hand)》을 출간했던 1833년에 '지능적인 손'(intelligent hand)이란 이미지가 과학계에 등장했다. 독실한 기독교인이었던 벨은 손은 창조주 신에게서 비롯됐고, 신이 창조한 여느 물건들처럼 목적에 맞도록 완벽하게 설계된 신체 기관이라고 믿었다. 그는 창조적인 일에서 차지하는 특권적 지위를 손에 부여했다. 여러 가지 실험을 언급하면서 두뇌는 손의 접촉을 통해서 더 신빙성 있는 정보를 입수하며, 번번이 엉뚱하고 잘못된 겉모습을 인식하는 눈보다 손의 촉감이 더 정확하다고 주장했다. 벨은 시간의 흐름과 무관하게 손의 모양과 기능이 항상 똑같다고 믿었지만, 다윈은 이런 그의 생각을 배격했다. 팔과 손은 유인원이 이동할 때 몸을 지탱하고 균형 잡는 역할을 했는데, 이와 다른 목적에 팔과 손이 쓰임에 따라 유인원의 두뇌가 더 커지는 진화가

손
인류의 조상인 호모 에렉투스가 만든 것으로 알려진 주먹도끼를 움켜쥔 손. 직립 보행을 했던 그들의 손은 더욱 진화되어 석기 제작기술을 획기적으로 발전시켰다.

이루어졌다고 다윈은 추론했다. 두뇌 용량이 확장되면서 인류의 조상들은 손으로 하는 여러 가지 일을 배웠다. 물건을 잡는 방법을 배웠고, 손에 쥔 물건을 보면서 생각했다. 나중에는 손에 쥔 물건의 모양을 바꾸는 방법도 배웠다. 이렇게 해서 인원(人猿, man–ape: 인간과 유인원의 중간 단계)은 도구를 만들 수 있게 됐고, 인간은 문화를 만들 수 있게 됐다." *

손가락
손의 끝에 위치하는 부분으로

총 다섯 개(엄지, 검지, 중지, 약지, 소지)로 나뉜다. 엄지는 마디가 두 개, 나머지는 세 개씩이다. 이를 굽히거나 폄으로써 손의 섬세한 운동을 수행한다. "손가락은 무엇을 가리키기 위해 존재하는 것일 수도 있다. 손가락은 그것이 가리키는 대상에 대한 '나'의 생각을 표현한다. 손가락은 지적하고, 감탄하고, 축복하고, 약속하고, 경고하고, 판정하고, 경멸하고, 망설이고, 때로 침묵한다. 가령 '침묵'이라는 말을 표현하기 위해 손가락을

* 리처드 세넷, 《장인》, 김홍식 옮김, 21세기북스, 2014, 244–245쪽.

입술에 갖다 댄다. 그런데
손가락은 역설적으로 '내게서
가장 멀리 나와 있는' 지점이다.
손가락은 몸의 극지(極地)다.
몸의 중심으로부터 가장 먼 곳에
매달려 있는 연약한 손가락은
혹시, 몸과 '나'의 바깥으로
도주하고 싶은 것은 아닌가.
손가락은 '나 아닌 것'과 소통하고
'나 아닌 것'이 되려는 움직임
자체이다. 연인을 향해 뻗어
가는 손가락은 '나 아닌 것'과
연결되려는 욕망이다." *

손금

사람의 손바닥에 깊게 팬
주름. 크게 세 갈래의 주름이
뚜렷한 선으로 나타나며
주름의 모양, 깊이, 길이 등을
감정하여 운세를 점치는 것을
수상학(手相學)이라 한다.
수상학에서는 세 개의 선을 각각
생명선, 감정선, 지능선으로
풀이하며 각각의 선이 생명,
감정, 지능과 연관을 맺고
있다고 주장한다. 지능선과
감정선이 일자로 합쳐진 것을
수상학에서는 '막쥔금' 혹은
'원숭이 손금'이라 부르는데,
이러한 손금을 가진 사람의 경우

'거지 아니면 대통령'이라는
식의 극단적인 삶을 영위한다는
견해가 있다. 지문과 마찬가지로
손금은 개인마다 고유하며
변별적인 특성을 지닌다.

수혈

환자에게 부족한 혈액이나
성분의 일부를 건강한
사람으로부터 공급받아 혈관에
주입하는 것. 같은 혈액형을
가진 사람 간의 수혈이 가능하다.
일반적으로 O형 혈액형을
가진 사람은 모든 혈액형에
수혈이 가능한 것으로 알려져
있지만 실제로 아주 위급한
경우를 제외하면 동일한 혈액
간의 수혈을 원칙으로 한다.
이언 매큐언의 소설 «칠드런
액트(The Children Act)»는
종교적 신념을 이유로 수혈을
거부하는 백혈병에 걸린 소년을
둘러싼 이야기다. 병원에서는
소년의 목숨을 구하기 위해
강제로 수혈을 할 수 있도록
법적 요청을 하고, 목숨이 걸린
판결을 내려야 하는 판사는
갈등에 빠진다. 이와 같은
일은 현실에서도 벌어진다.
2014년 한국에서 수혈을

---

*   이광호, «사랑의 미래», 문학과지성사, 2011, 36쪽.

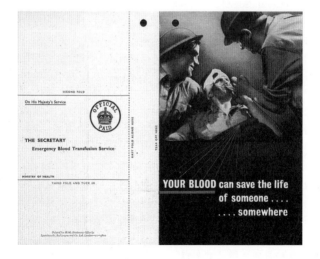

수혈
[상·좌] 제2차 세계대전 당시 혈액 기부를 촉구하는 포스터.
[상·우] 제2차 세계대전 당시 서부 사막 군 수혈부 혈액은행 앞 '흡혈귀'(Vampire) 표지.
[하] 제2차 세계대전 당시 수혈 신청 양식.

수화
청각장애 특수학교 외벽에 수화로 양각한 체코 조각가 주자나 시즈코바의 작품.
"인생은 아름답다. 행복하고 서로 사랑하길"이란 뜻.

거부한 환자가 사망하는 사건이 있었다. 대법원은 종교적 신념에 따른 무수혈 수술을 환자의 자기 결정권을 존중한 사례로 판단했고, 해당 의사에게 무죄 판결을 내렸다.

수화
모든 언어는 약속이고, 모든 약속은 언어가 된다. 손의 모양을 결정하는 많은 약속들. 우리의 손은 따로 존재해 본 적 없는 것처럼, 그저 하나의 덩어리인 것처럼 움직이다가, 손의 약속을 따라, 그 약속을 이행하기 위해 수많은 모양과 움직임들로 나누어지고, 우리의 무한히 계속되는 대화처럼, 끊임없이, 열 개의 손가락은 움직임을 이어 가는 것이다. 소리 없는 약속의 세계. 어느 날 티브이에서 수화 동시통역을 하고 있는 것을 보았다. 그것을 잘 이해하지 못하면서도 한참 들여다보고는 했다. 정해진 약속에 따라 빠르고 정확하게 움직이는 그 모습이 낯설고도 신기해서. 어떤 약속이 다른 약속으로 번역되는 그 순간이 참 신기하고 놀라워서. 더 많은 약속들을 통해 더 넓은 세계가 가능해진다. 더 밀접한 세계가 가능해진다. [황인찬]

숙면
깊게, 푹 자는 것. 쉽게 말해 양질의 수면을 의미한다.

숙면을 돕는 환경을 파악하고 그것을 조성하는 노력이 필요하다."최근에 와서야 과학자들은 숙면의 밤을 만드는 요소들이 무엇인지 알아냈다. 잠이 들고 그 상태를 밤새도록 유지하는 것은 두 전선에서 벌어지는 전투와 비슷하다. 하나는 머릿속에서 일어난다. 베개에 머리를 누이는 시간과 첫 번째 수면 방추파를 내보내는 시간(뇌가 잠이 시작되었음을 알리는) 사이에 마음은 주변 환경과 일상사에 대한 관심을 내려놓아야 한다. 이 과정에서는 자신의 생각을 직접 통제하려는 노력을 포기하는 게 필요하다. 그와 동시에 뇌가 자신과 몸이 붙어 있다는 생각을 사실상 잊어버릴 정도로 몸이 편안해야 한다. 이 두 전선에서 뭔가 방해하는 것이 생기면, 그 결과는 불면증으로 나타나기 쉽다."*

스트레스
몸과 마음의 균형을 무너뜨릴 수 있는 외부 요인.'스트레스 반응'은 항상성을 다시 세우기 위해 신체가 하는 일을 말한다. "우리가 어떤 두려운 것을 예기하고 스트레스 반응을 작동시켰는데 그 사건이 실제로 일어난다면, 우리는 일찍 방어 태세를 동원할 수 있었던 스스로의 인식적 능숙함을 자축하게 된다. 그리고 이런 예감에 의한 방어는, 그 속에 나타나는 스트레스 반응이 대부분 예상되는 것에 대해 준비를 하기 위한 것이기 때문에 상당히 보호적으로 작용한다. 그러나 우리가 아무 이유 없이, 또는 어찌할 수 없이 생리적 혼란에 빠져 스트레스 반응을 작동시킬 때, 우리는 이것은 '불안', '신경증', '편집증', '불필요한 적개심'이라고 부른다. 따라서 스트레스 반응은 신체적 또는 정신적 손상에 의해서뿐만 아니라 그것들에 대한 예감으로도 동원된다. 이것이 가장 놀라우면서도 보편적인 스트레스 반응의 특징이다. 각종 신체적 재앙은 물론이지만 단지 그것을 생각하는 것만으로도 생리적 체계가 활성화되는 것이다."**

*   데이비드 랜들, 《잠의 사생활》, 이충호 옮김, 해나무, 2014, 311쪽.
**   로버트 새폴스키, 《스트레스》, 이재담·이지윤 옮김, 사이언스북스, 2008, 27~28쪽.

시각장애

시각장애는 사람이 볼 수 있는 명료도를 의미하는 '시력' 혹은 눈으로 정면의 한 점을 주시할 때 그 눈에 보이는 외계의 범위를 의미하는 '시야'에 이상이 있는 상태를 말한다. 대한민국 장애인복지법은 시각장애를 시력 감퇴에 의한 시력장애와 시야 결손에 의한 시야결손장애로 구분하며, 그 정도에 따라 등급을 나눠 판정한다. 시각장애인은 필연적으로 청각과 촉각에 의지하여 지팡이, 음성 안내, 보조 기기, 안내견 등을 이용하여 일상생활을 하고 점자를 사용해 손끝으로 문자를 읽는다. '흰 지팡이'는 길을 찾고 주변을 파악할 때 쓰는 대표적인 도구이자 시각장애인의 자립과 성취를 나타내는 상징이다. 2016년 9월 안무단 안은미컴퍼니가 시각장애인들과 협업하여 만든 공연 <안심(安心)댄스>는 이 흰 지팡이의 등장과 함께 막을 올린다. "마치 막막한 바다에 육지가 가까워지고 있음을 알려 주는 등대처럼." 공연을 기획한 안무가 안은미는 공연에 참여한 시각장애인들의 몸의 움직임을 "선입견 없이 몸에서 분출하는 그들의 춤은 근력의 춤이 아니라 촉각과 상상력, 그리고 이해력으로 만들어 내는 무중력의 춤"이라고 표현했다.

시스젠더

성별과 젠더가 일치한다고 여기는 사람을 가리키는 말. 트랜스젠더라는 용어만 쓰는 것 자체가 트랜스젠더는 비정상이라는 편견을 강화한다는 점에서, 트랜스젠더가 아닌 사람을 가리키는 적당한 말로 '같다'는 의미를 지닌 접두사 'cis'를 붙인 시스젠더(cisgender)를 사용한다.

시체

죽은 사람의 몸. 신원이 확인된 경우를 시신으로, 그렇지 않은 경우를 시체로 칭하는 것이 일반적이다. 미스터리 소설이나 영화에서 시체는 주요한 소재다. 시체가 발견되거나 은닉되는 것, 완전히 사라지는 것, 뒤바뀌는 것, 갑자기 산 사람으로 깨어나는 것 등 '시체'는 등장과 동시에 중요한 복선으로 기능하는 경우가 많다. 이는 비단 픽션에서만 벌어지는 일이 아니다. 실제로 2011년 사망 선고를 받은 인도 청년이 시체 안치소에서 깨어나는 사건이 있었다. "가끔은 죽은 사람이 되살아났고 / 나는 눈을 깜박였다. // 여기가 어디니?"*

식물인간

식물인간, 이 단어에 대해서는 섣불리 말할 수 없다. 내가 겪어 보지 않은 상태이기 때문이다. 그러니 상상적 정의만이 가능할 것이다. 식물인간, 식물과 인간이라는 두 개의 아름다운 단어가 조합된 명사. 그러나 어떤 아름다움도 감각하지 못하리라 생각되는 상태. 연옥의 시간을 살아가리라 생각되는 상태. 식물인간의 목, 한때 관능이 지나갔던 자리, 어쩌면 폭력만이 있었던 자리. 생과 사의 사이. 식물인간의 감정, 한때 관능이었던 자리, 어쩌면 분노였던 자리, 혹은 미움이었던 자리. 식물인간의 아랫감, 보이지 않는 자리, 이미 썩은 것이 다시 썩지 않을 자리. 식물인간의 식물, 생사를 알 수 없는 것. 식물인간의 인간, 형태를 짐작할 수 있으나 상태를 도저히 알 수 없는 것. 그러나 언젠가는 알 수 있을지도 모른다. [한유주]

심리학

인간의 마음을 가능한 한 과학적인 방법을 통해 탐구하는 학문. 프로이트 등의 시대처럼 몇몇 사례나 꼬리에 꼬리를 무는 생각에만 의존해서 마음의 작동 원리를 상상하는 시대는 지났다. 다양한 분야의 연구자들이 실험 등의 다양한 데이터를 통해 인간의 사고, 감정, 행동에 대한 사실들을 반복해서 검증하며 인간에 대한 이해를 벽돌 쌓듯 하나하나 쌓아가고 있다. 크게 기초 분야(사회, 성격, 인지, 지각, 생물, 신경, 발달심리학 등)와 응용 분야(임상, 상담, 산업/조직, 교육심리학 등)로 나뉜다. 이 중 필자의 전공 분야인 사회심리학을 좀 더 소개하겠다. 사회심리학은 인간이 왜 혼자 살 수 없는지, 어떻게 하면 함께 잘 살아갈 수 있는지 등의 주제를 연구한다. 도덕성, 권위에의 복종, 동조, 권력, 집단, 고정관념과 편견, 차별 등 사람들이 모이면 생기게 되는 다양한 사회 문제와 자존감, 자아효능감, 비교, 정체성, 외로움, 소외감, 사회성, 행복 등 타인과 분리되어 살아갈 수 없는 개인들의 다양한 문제를 다룬다. [박진영]

* 김언, 《소설을 쓰자》, 민음사, 2009, 5쪽.

아말감

아말감, 부드럽게 발음되는 것과는 달리 수은과 다른 금속과의 합금을 가리키는 단어. 대부분의 사람들은 아말감을 치과에서 처음 경험한다. 눈을 감고 입을 벌린 상태에서 상한 부분이 삭제된 치아 사이로 꽉꽉 눌려 채워지는 물질. 흘러내리는 고체, 단단하게 응고된 액체. 그 사이의 물질. 거울의 반사면으로 활용되는 아말감은 치과에서 가장 널리 쓰이는 충전재다. 적지 않은 수의 사람들이 아말감으로 치료한 치아가 다시 썩어 버리는 경험을 한다. 썩은 자리가 또 썩는 자리를 가리키는 물질. 나는 십 년 전에 썩어 버린 왼쪽 어금니를 아말감으로 때운 적이 있고 지난 해 검진을 위해 치과를 찾았을 때 의사가 치위생사들을 불러 내 입 안을 보여 주며 왼쪽 아말감이 대단히 훌륭하게 자리를 잡고 있다고 말했다. 아말감, 굴욕을 연상시키는 단어. [한유주]

아킬레스건

책을 읽으면서 하는 상상은 대부분 시각적인 자유 연상으로 이루어지며 따라서 작가가 쓴 내용에 매여 있지 않다. 피터 멘델선드의 말이다. 그는 《책을 읽을 때 우리가 보는 것들》을 통해 독서가 우리에게 불러일으키는 이미지와 상상력의 즉흥 연주를 시연한다. 이를테면 제임스 조이스의 《율리시스》 첫 문장 "당당하고 통통한 벅 멀리건이 …"를 읽으며 왕관("당당하고")과 먹음직한 칠면조 요리("통통한")와 수사슴("벅Buck")과 색소폰을 연주하는 게리 멀리건이나 드레스를 입고 있는 캐리 멀리건("멀리건")을 떠올리는 식이다. 그리하여 (순간적으로) 수사슴의 머리에 칠면조 몸통을 하고 왕관을 쓴 채 색소폰을 연주하는 존재가 탄생한다. 물론 그것은 읽는 개개인의 경험이나 성향에 따라 다른 모습으로 나타난다. 내가 아킬레스건이라는 단어를 볼 때 떠올리는 것은 다음과 같다. 죽음("아킬레스") + 총("건Gun") = 권총 자살. [금정연]

안경

"책이 없는 세상을 상상한다는 것은 어려운 일이다. 도서관이나 수도원에서 소수의 교육받은 사람들만이 귀한 필사본을 읽을 수 있었던 세상을 상상하기란 더욱 힘들다. 하지만 아마도

아킬레스건
죽어 가는 아킬레우스. 그리스 코르푸 아킬레온 궁전 앞 조각상.
에른스트 헤르터(Ernst Herter), 1884.

가장 상상하기 힘든 세상은
교양 있고 타고난 재능을 가진
훌륭한 사람들이, 지금이라면 단
몇 분만에 고칠 수 있는 간단한
시각적인 결함 때문에 오랫동안
독서를 할 수 없었던 세상일
것이다. 다른 말로 하자면 안경이
없는 세상이다."* 안경 없이는
세상도 없다, 누군가에게는.

안경알은 초점이 망막에 정확히
맺힐 수 있도록 빛을 굴절하여
잘못 맺힌 초점의 위치를
이동시켜 시력을 교정한다.
또한 안경은 누군가에게 잘
보이기 위한 것으로도 기능한다.
누군가에겐 이 부분이 더
중요하다.

* 리처드 코손, 《안경의 문화사》, 김하정 옮김, 에디터, 2003, 11쪽.

앉은키

의자에 똑바로 앉았을 때 의자와 몸이 닿은 지점에서부터 머리끝까지의 길이를 말한다. 과거 학교에서 신체검사를 할 때 측정하는 항목의 하나였으나, 2006년 관련 법이 개정되고 신체검사 제도가 '학교건강검사'로 바뀌면서 앉은키 항목이 제외됐다. 일본에서는 2016년, 검사를 실시한 지 78년 만에 앉은키 검사가 공식적으로 폐지됐다. 일본의 한 트위터 이용자는 자신이 그린 앉은키 측정기 그림과 함께 이 소식을 알리며 폐지 사유에 대해 "의미가 없다는 걸 알았기 때문"이라고 썼는데, 학창 시절 앉은키 검사를 했던 경험이 있는 한국인들에게도 많은 공감을 불러일으키며 화제를 모았다.

앉은키
1979년 서울 매동초등학교 어린이 신체검사 중 앉은키 측정.

알몸

아무것도 걸치지 않은 맨몸 상태를 가리키는 말. '천둥벌거숭이'라는 표현은 마치 알몸으로 세상에 떨어져 날뛰는 듯한 상태를 비유적으로 나타낸다. "우리는 어머니의 배 속에서 알몸이었다. 우리는 나체이기에 앞서 알몸이었다. 우리가 모방하다가 대체하는 목소리의 명령에 앞서 알몸이었다. 획득된 목소리에 불복하기에 앞서 알몸이었다. 그룹의 목소리가 내면의 목소리(수치심)로 되기에 앞서 알몸이었다. 죽음에 앞서 그리고 신의 땅 끝에 있는 서방을 향한 시간의 방랑에 앞서 알몸이었다."[*]

알츠하이머

치매의 가장 흔한 형태로 기억력, 인지력, 사고력, 판단력, 학습력 장애를 야기하는 퇴행성 뇌 질환. 정확한 발병 원인이나 병을 완치하는 치료법은 밝혀지지 않았다. 노년 인구가 증가함에 따라 알츠하이머 환자 수도 계속해서 늘어날 것으로 예상된다. 증상은 다음과 같다. "알츠하이머병의 초기 증세로 나타나는 것이 단기 기억력 상실이다. 단기 기억력 상실이란 몇 시간 전 혹은 하루 전 사건이나 대화를 완전히 잊어버리는 것, 순간적인 공간 감각 상실, 말이나 산술 장애, 판단 장애 등을 일컫는다. 중간 단계에 이르면 기억력 상실이 더 심각해진다. 하지만 이는 전반적인 인식력 상실의 일부에 불과하다. 마지막 단계에서는 인식력이 더 떨어지고 점진성 신체 장애를 보이다 결국 사망에 이른다."[**]

암

세포 분열을 담당하는 유전자의 돌연변이로 인해 정상이라면 사멸해야 할 세포들이 과다 증식하여 덩어리를 형성하고 뻗쳐 나가 주변 조직이나 장기를 파괴하는 질환군을 총칭하는 말. "암의 저주가 뻗치지 못하는 인체 조직은 거의 없어서, 암은 두뇌와 장, 근육과 뼈까지 공격한다. 어떤 암은 천천히 자라나지만, 어떤 암은 훨씬

---

[*]   파스칼 키냐르, 《옛날에 대하여》, 송의경 옮김, 문학과지성사, 2010, 119쪽.
[**]   데이비드 솅크, 《망각》, 이진수 옮김, 민음사, 2003, 44쪽.

공격적이어서 빠르게 성장한다. 인체 조직에 존재하는 암은 조직의 정상 기능을 혼란에 빠뜨려 제 기능을 수행하지 못하게 만들며, 완벽하고 아름답고 극도로 복잡한 생물학적 기계에 원하지 않는 변화를 가져온다. 암은 발생한 장소에 관계없이 외부 생명체의 형태, 즉 몰래 인체에 침입해서 고유의 파괴 프로그램을 가동하는 침략자로 나타난다. 하지만 이렇게 침략자처럼 보이는 암의 외형은, 실제로 암이 형성되는 과정에서 드러나는 과학적 진실과는 다르다. 그 과정은 매우 섬세하고 미묘하며, 대단히 흥미롭다. 본질적으로, 암은 외부의 침략자가 아니라 다른 모든 인체 조직을 구성하는 똑같은 재료로 만들어진 내부의 반란자다. 암은 정상 조직과 똑같은 구성 요소, 즉 인체의 세포를 이용해서 생물학적 질서와 기능을 제멋대로 파괴하는 해로운 세포 덩어리를 만들고, 이 세포 덩어리를 막지 못하면 인체라는 복잡한 구조물–생명의 뼈대가 되는 구조물은 무너져 내린다."*

앞니

아래턱과 위턱의 중앙에 각각 두 개씩 나 있는 네 개의 이. 앞니가 벌어지면 그 사이로 운이 새어 나간다는 속설이 있다. '벌어진 앞니'를 심미적이지 않다고 여겨 치아 교정술이 권장되기도 하지만, 이를 자신만의 고유한 매력으로 어필하는 유명인들도 있다. 세계적인 모델 린지 윅슨(Lindsey Wixson)과 배우 레아 세이두(Léa Seydoux)가 대표적인 예다. 그들보다 더 먼저 벌어진 앞니의 아이콘으로 급부상한 스타가 있었으니, '프렌치 시크'의 대명사로 일컬어지는 가수 겸 배우 제인 버킨(Jane Birkin)이다. 그는 1996년 발표한 앨범 «Concert intégral à l'Olympia»의 커버 이미지로 자신의 벌어진 앞니를 사용했다.

애무

나에게로 다가와 줘요. 그래, 어디 그렇게 불러 보아요. 그러나 이 단어는 대뜸 고슴도치를 불러오는 것이다. 수풀 속 제 갈 길을 잃고 그만 곁길로 나와 버린, 춥고 가시

---

*   로버트 와인버그, «세포의 반란», 조혜성 안성민 옮김, 사이언스북스, 1999, 11–12쪽.

앞니

'벌어진 앞니'를 심미적이지 않다고 여겨 치아 교정술이 권장되기도 하지만,
이를 자신만의 고유한 매력으로 어필하는 유명인들도 있다. 세계적인 모델
린지 윅슨(Lindsey Wixson)이 대표적인 예.

돋친 당신. 이것에 손을 댈 텐가.
당신의 불안은 부드러움을
모르고, 그 불안이 한 손길을
불렀다는 것도 모르고, 그저
뭐든 모를 뿐인 당신은 제 불안의
연원을 뿌리째 캐어 내밀 듯,
온통 날카로운 바늘들을 세워
다가오는 것을 찌른다. 당신은
본능적 충실함으로 인사한다.
대체로 섬세한 당신은 연신
뾰족하게 웅크린다. 말랑한
것이 손이든 혀든, 당신은 상처
없이 다가오는 것들이 이상하다.
부드럽게 흘러내리는 것이
피일지, 녹아 젖으려는 당신의
마음일지, 누군들 알까. 누구는
누구람. 손톱 밑이라도 찌르려는
당신의 애처로운 긴장이,
찔리려는 당신의 나른한 열망이
한 순간의 정적을 만든다. 멎는
시간, 이어 다시 흐르는 시간.
그러면 이 모든 일은 수풀 속
어두운 오솔길로 되돌아가야
한다. 당신은 곧 11월의 동면에
잠겨야 하고, 어째서 잠은 늘
무겁고 끈적하고 비릿한 액체의
냄새 속에 묻히는 일일까, 없는
기억에 다소 의아해하며 한 해의
가시 갈이를 시작해야 하는
것이다. [김예령]

어린이

사고와 언행, 신체 발달이
미숙하여 부모의 양육과 보호가
필요한 어린 사람을 뜻한다.
노인과 더불어 사회적으로
가장 취약한 계층이다.
'어린이'라는 단어는 중세
국어에서 '어리석은'의 의미로
사용되었으나 이후 그 의미가
탈락하여 '나이가 어린' 사람을
부르는 말이 됐다. "어른의
보호가 없으면 어린이는
생존하지 못한다. 어린이를 잘
먹이고 재우고 위험으로부터
돌봐야 하는 것은 어른의
몫이다. 그러나 어른이 항상
지켜보고 있으면 어린이는
꿈꾸지 못하고 자라지 못한다.
어른의 마리오네트로 살아갈
뿐이다. 어린이에게 좋은 세계는
어른이 얼마쯤 눈길과 손길을
거두어도 편안하게 놀 수 있고
이것저것 마음껏 해 볼 수 있는
세계다. [...] 어린이는 결국 어른
없이 살아가야 한다. 우리는 왜
어린이에게 밥을 잘 먹으라고
할까. 왜 책을 읽으라고 할까.
언젠가 우리가 떠난 다음 그들이
행복하고 건강하고 즐겁게
살아가기를 바라기 때문이다." *

*   김지은, «거짓말하는 어른», 문학동네, 2016, 5-6쪽.

어린이
손가락 놀이 삽화. 에밀리 폴슨(Emilie Poulsson), «유치원에서 하는 손가락 놀이
(Finger plays for nursery and kindergarten)», 1893.

얼굴

집단 의견과 이미지에 취약한
인간이 사회적인 관계를 맺는
데 꼭 필요한 신체 부분 중 하나.
여기에는 목 위의 전체적인
골격과 그를 덮고 있는 피부,
표면에 붙어 있는 눈, 눈썹, 코,
입, 귀 그리고 머리카락까지
포함되기도 한다. 각 요소가
표면에 어떻게 분포되어
있는지에 따라 미적으로
좋다/나쁘다는 평가를 받는다.
인간의 얼굴은 태어날 때부터
제각각 다른 형태를 가지는데,
자라나면서 자신의 얼굴 형태에
만족하지 못하고 스스로 변형을
원해 외과적 '성형'을 하는 경우도
많다. 미의 기준은 시대에 따라
달라지며, 이 때문에 성형도
그 시대의 기준에 따라 유행을
탄다. 얼굴의 밸런스가 좋은
것은 인간 사회에서 특별한
장점으로 작용하는데, 이로 인해
대중에게 얼굴을 자주 보여 주는
특정 직업을 갖게 되기도 한다.
한편 미적으로 좋다/나쁘다로
분류하는 것에서 더욱 벗어나는
형태(예: 눈썹이 없음, 귀가
없음, 눈이 세 개, 눈에 흰자가
없음, 눈에 흰자만 있음, 입술이
없음)의 얼굴에 인간은 이질감,
더 나아가 공포를 느끼기도 한다.

그렇기 때문에 이런 감정을
이용하는 공포 장르의 예술
작품에서 '괴물', '귀신', '악마'
등 이질적인 존재를 표현할
때 이런 이미지를 적극적으로
이용한다. [이랑]

에스라인

여성의 체형에서 가슴,
허리, 엉덩이로 이어지는
몸의 굴곡이 알파벳 S자를
연상시키는 것에서 유래한
단어로 여성을 성적으로
대상화하여 바라보는 시각이
내포된 말이다. 미디어를
통해 무의식적으로 학습되는
이상적 몸매에 대한 강박과
사회의 암묵적인 강요가
만들어 낸 단어라 할 수 있다.
지구상에서 가장 인기 있는
장난감 중 하나인 '바비 인형'은
에스라인이라는 환상적
이미지가 형성되는 데 기여해
온 대표적인 모델이다. 바비
인형이 태어난 지 50여 년이
흐른 지난 2014년, 드디어
현실적인 여성의 몸매를 닮은
인형인 '래밀리'(Lammily)가
탄생한다. 키 162cm, 몸무게
75kg으로 상정되는 래밀리는
바비 인형이 표상하는 완벽한
외모와 매끈한 몸매와는

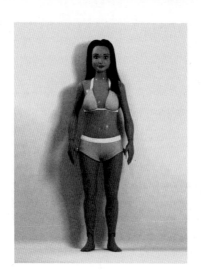

에스라인
미국 여성의 평균적인 신체 조건, 162㎝의 키에 75㎏의 몸무게로 상정되는 래밀리(Lammily)는, 바비 인형이 표상하는 완벽한 외모와 매끈한 몸매와는 거리가 먼 요소들, 배의 주름이나 살트임 같은 세세한 디테일까지도 반영하여 제작됐다.

거리가 먼 요소들—배의 주름이나 튼살처럼 세세한 디테일까지도 반영한다. 제작 단계에서부터 미국 여성의 평균 몸무게와 신체 조건을 분석한 것으로 알려져 있다.

에이섹슈얼
성적인 끌림을 지속적으로 느끼지 않는 사람. 성적 불감증을 의미하는 것은 아니며 경험은 개인마다 다르다. 어떤 이는 성을 혐오하고 사랑을 느끼지 않는데, 어떤 이는 낭만적 감정으로서의 사랑을 느끼지만 그 대상에 성적으로 매혹되진 않는다. 어떤 이는 성욕을 갖지만 성관계는 나누지 않는다. "연우씨는 무성애자이지만 '흔한 연애 감정'은 경험한다. 남성과 여성을 두루 사랑할 수 있다는 의미에서, 스스로 '판로맨틱 에이섹슈얼'(Panromantic Asexual, 범성애적 무성애자)이라고 규정한다.

에이섹슈얼
무성애자 행진. 2012년 영국 런던 성소수자 축제 'World Pride 2012' 중.

연애와 섹스를 동일시하지 않을 뿐이다. "설레고, 생각나고, 같이 있고 싶고, 좀 더 알고 싶고, 그런 감정들을 가족이나 친구에게 느끼는 것과는 다르게 느끼는 것"이 연애 감정이라면 말이다.*

LGBT

레즈비언(Lesbian), 게이(Gay), 바이섹슈얼(Bisexual), 트랜스젠더(Transgender)의 앞 글자를 딴 말. 1990년대부터 미국을 비롯한 영어권 국가에서 성소수자를 통칭하는 말로 쓰이기 시작하여 현재는 공식적인 언어로 사용되고 있다. 여성과 남성의 생식기적 특징을 동시에 지니고 태어난 사람을 뜻하는 인터섹스(Intersex), 성 정체성을 규정하지 않는 사람을 뜻하는 퀘스처너리(Questionary), 무성애자를 뜻하는 에이섹슈얼(Asexual)을 더함에 따라 'LGBTI', 'LGBTQ', 'LGBTA', 'LGBTQIA'로 부르기도 한다. 일곱 빛깔 무지개에서 남색이 빠진 '여섯 빛깔 무지개'는 LGBT를 상징하는 기호다. 이는 LGBT 공동체의 역사와 자긍심과 다양성을 나타낸다.

---

*   <무성애자, 성욕의 신화와 싸우는 소수자들>, 《한겨레21》 제1000호

MRI

'Magnetic Resonance Imaging'의 약자로 핵자기 공명 원리를 이용하여 생체의 장기, 조직 등을 영상으로 표시하여 질환을 진단하는 검사법이다. 자석으로 구성된 장치에 신체를 들어가게 한 후, 신체를 둘러싼 코일에서 고주파를 발산하면 체내에서 활성화된 수소의 원자핵이 공명하게 된다. 이때 발산되는 신호의 차이를 분석하여 영상화하는 원리다. 심장, 가슴 근육 등의 연조직에 대해 뛰어난 영상을 제공하며, 뇌의 상세한 구조를 판독하는 데 적합하다. 종양과 같은 체내 병변의 크기와 그것이 양성인지 악성인지도 파악할 수 있다. CT가 횡단면 영상을 제공하는 데 비해 MRI는 보다 자유로운 방향의 영상을 제공하며, X선 노출의 위험이 없는 것이 특징이다. 2016년 8월 헝가리의 과학자들은 MRI 촬영을 통해 개들이 주인의 말을 '정말로' 알아듣고 있음을 입증했다.

여성의 몸

태어나는 순간부터 온 세상 남성들로부터 머리끝에서 발끝까지 '스캔' 당할 각오를 해야 하는 존재. '유리처럼 약해 깨지기 쉬우니 조심하라'는 말을 듣고 살 각오를 해야 하는 존재이기도 하다. 사춘기를 지나 2차 성징이 끝나면 온 세상 남성들의 평가가 시작된다. 눈, 코, 입 등 얼굴 생김새를 비롯해 가슴, 엉덩이 등 몸 전반에 대한 타인의 원하지 않는 평가에 대해서 불만을 표하는 순간 '피해 의식'이 심하다거나 '예민하다'라는 말을 덤으로 듣게 된다. 2차 성징이 시작되기 전부터 남성들로부터 평가를 받거나 남성들의 '딸감'이 되는 경우도 종종 있다. 한 달에 한 번 질을 통해 피를 흘리기도 하며, 그 피를 알아서 잘 숨기지 않으면 불결한 취급을 받는다. 남성이 원할 때 섹스를 해 주지 않으면 '이기적'이라는 말을 듣게 되기 때문에 피를 흘리는 도중이라고 해도 '섹스'를 해야 하는 경우가 생기기도 한다. 고통 속에서 출산을 마친 후에도 출산 전의 몸으로 최대한 빨리, 알아서 돌아가야 한다. 여성의 몸은 때로 남편 혹은 남자 친구의 자신감을 낮추거나 높일 수 있는 도구가 되기도 한다. 누가 여성의 몸을 가졌고 누가 여성의 몸을 갖지 못했는지는 공교롭게도 남성들이 판단해 주기도 하나

헛소리인 경우가 많으므로 무시하는 것이 좋다. 여성의 몸을 말하는 데 여성기나 자궁의 유무는 중요하기도 하지만 전혀 중요하지 않을 수도 있다. [은하선]

예방접종

바이러스의 적응 면역성을 증진시키고, 감염에 유리한 반응을 유도하여 질환을 예방할 목적으로 백신을 투입하는 것을 말한다. 바이러스에 감염되지 않은 상태에서 항원 물질인 백신을 인체에 투입하면 바이러스에 대응할 항체를 만들기 유리해진다. 약한 바이러스를 통해 바이러스에 대한 면역성을 높이는 것이다. 예방접종은 우두법을 정립한 에드워드 제너(Edward Jenner), 콜레라 백신의 창시자인 루이 파스퇴르(Louis Pasteur)를 거쳐 지금의 현대적 형태로 자리 잡았다. 백신 개발은 천연두, 콜레라, 장티푸스, 페스트, 결핵 등 많은 사람의 생명을 앗아간 전염병 퇴치에 큰 공을 세웠다. 제너의 발견 이전에도

예방접종의 효시는 존재했는데, 바로 인두법을 처음으로 발견하고 전파한 레이디 메리 워틀리 몬태규(Lady Mary Wortley Montagu)다. "레이디 메리 워틀리 몬태규는 그녀가 이스탄불에 체류하던 1716–1718년경 오스만 제국의 인두법 개념을 처음 발견하고 그 방법을 영국으로 들여 왔다. 몇 년 뒤 프랑스의 철학자 볼테르는 60%의 사람들이 천연두에 걸리며, 전 인구의 20%가 그로 인해 사망한다고 기록했다. 1770년 이후, 잉글랜드와 독일의 여러 의사들은 인간의 천연두 면역 수단으로 우두 백신을 활용하는 방법을 시험하는 데 성공했다." [*]

오르가슴

성적 자극으로 인해 느끼는 쾌감. 혼자서 또는 파트너와 함께 느낄 수 있다. 오르가슴을 느끼는 방법은 각양각색이며 무엇을 오르가슴이라고 정의할지는 각자가 결정할 일이다. 눈꺼풀이 풀리고 온몸을 떨며 짜릿한 느낌이 발가락 끝까지 퍼지며 질이 폭발할 것

---

[*] Peter C. Plett, ‹Peter Plett and other discoverers of cowpox vaccination before Edward Jenner›, «Sudhoffs Archiv» vol. 90, 2006.

예방접종
아이에게 백신을 접종하는 의사와 차례를 기다리는 아이들. 랜스 컬킨(Lance Calkin), 1901.

같은 기분을 느끼는 것만이 오르가슴은 아니다. 상업적 포르노에서는 오르가슴을 느끼는 여성의 표정이나 반응을 일괄적으로 표현하기도 한다. 하지만 오르가슴의 폭은 다양하기 때문에 본인이 오르가슴이라고 느끼는 것을 오르가슴이라고 생각하면 된다. 여성의 오르가슴을 질 오르가슴, 클리토리스 오르가슴으로 나누고 분석하려는 다양한 과학적 시도들이 있어 왔지만 대체로 무시하는 것이 정신 건강에 이롭다. 누구도 남성의 오르가슴을 귀두 오르가슴과 불알 오르가슴으로 나누려고 시도하지 않는다는 점을 알아두면 좋다. [은하선]

오장육부

한의학에서 인간의 내장 기관을 통틀어 일컫는 말. 오장(五臟)은 심장, 폐장, 간장, 비장, 신장을 가리킨다. 육부(六腑)는 위장, 대장, 소장, 방광, 담낭, 삼초를 가리킨다. 이 중 삼초(三焦)는 해부학상 실재하는 기관이 아닌데 상초, 중초, 하초로 나뉘며 각각 호흡기관, 소화기관, 비뇨생식기관을 가리킨다. 한의학에서는 오장을 음양오행론의 오행(五行)에 각각 대응시킨다. 각 장부의 기능이 오행 각각의 속성과 비슷하다고 보기 때문이다. 인체에는 더 많은 기관이 있지만 한의학에서는 오장육부가 인체의 생명을 유지하는 기능을 모두 수행할 수 있다고 여겨 이것으로 증상을 분석한다.

우울증

정신 질환의 전형적인 예. 지속적인 우울감, 의욕과 활력 저하, 자존감과 자신감 상실, 불안, 수면 장애 등의 증상이 따르고 심각한 경우 자살 시도에 이를 수 있다. 상담과 정신과 치료가 요구되며, 중증 이상은 항우울제 투여가 필수적이다. "우울은 사랑이 지닌 결함이다. 사랑하기 위해서는 자신이 잃은 것에 대해 절망할 줄 아는 존재가 되어야 한다. 우울은 그 절망의 심리 기제이다. 우리에게 찾아온 우울증은 자아를 변질시키고, 마침내는 애정을 주고받는 능력까지 소멸시킨다. 우울증은 우리의 내면이 홀로임을 드러내는 것이며, 그것은 타인들과의 관계뿐 아니라 자신과의 평화를 유지하는 능력까지도 파괴한다. 사랑은,

우울증을 예방하진 못하지만 마음의 충격을 완화하는 장치가 되어 마음을 보호해 준다. 약물치료와 심리치료는 우리가 더 쉽게 사랑하고 사랑받을 수 있도록 만들어 이런 보호 기능을 되살려 줄 수 있으며 그래서 효과를 발휘하는 것이다. 우리는 정신이 건강한 상태에서는 자신을 사랑하고 타인을 사랑하고 일을 사랑하고 신을 사랑하며, 이런 열정은 우울증의 반대인 활기찬 목적의식을 제공한다. 그러나 사랑은 이따금 우리를 저버리며 우리도 사랑을 저버린다. 우울증에 **빠**지면 모든 활동, 모든 감정, 더 나아가 인생 자체의 무의미함이 자명해진다. 이 사랑 없는 상태에 유일하게 남아 있는 감정은 무의미함이다."*

유두해방운동

남성들에게는 길거리에서 웃옷을 벗는 것이 어렵거나 파격적인 일이 아니지만, 여성이 공공장소에서 가슴을 노출하는 것은 사회적으로 금기시된다. 유두해방운동(free the nipple)은 말 그대로 '젖꼭지를 자유롭게 하자'는 성평등 운동으로 배우이자 운동가인 리나 에스코(Lina Esco)가 시작했다. 유두해방운동의 공식 홈페이지에 따르면 이 운동은 "여전히 존재하는 남성과 여성 간의 불평등에 관해 관심을 환기하고 변화를 요구하기 위한 캠페인"이며, 여성의 가슴에 대한 과도한 성적 대상화에 우려를 표한다. 한국에서는 마일리 사이러스의 기행 정도로 알려진 조금 먼 이야기 같지만, 유두해방운동은 인스타그램을 통해 최근 몇 년간 가장 큰 트렌드 이슈로 부상했다. #freethenipple(#유두해방운동) 해시태그를 단 포스팅 개수는 삼백만 개에 육박한다. 이는 인스타그램에 남성의 상의 탈의 사진이 아무 문제없이 올라오는 것에 반해, 여성의 상의 탈의 사진은 음란물로 검열된 데 항의하며 촉발됐다. 이러한 성차별적 검열에 반대하는 사람들은 규칙 사이를 가로지르는 재미있는 방식으로 농참했다. 여성의 가슴에 남자의 젖꼭지를 오려 붙이거나 남성의 가슴에 여성의 젖꼭지를 오려

---

* 앤드류 솔로몬, 《한낮의 우울》, 민승남 옮김, 민음사, 2004, 23쪽.

유두해방운동   99

유두해방운동
유두해방운동(free the nipple) 공식 티셔츠 프린팅. "이 운동은 "여전히 존재하는 남성과 여성 간의 불평등에 관해 관심을 환기하고 변화를 요구하기 위한 캠페인"이며, 여성의 가슴에 대한 과도한 성적대상화에 우려를 표한다."

붙여, 과연 어떤 사진이 삭제되고 어떤 계정이 정지되는지를 지켜보며 인스타그램의 검열 가이드라인을 시험에 들게 한 것이다. 인스타그램의 지속적인 검열은 오히려 이 운동을 화제로 만들고 더 많은 사람들의 참여를 유도했다. 2015년에는 모델 나오미 캠벨이 자신의 유두 노출 화보를 올렸는데, 여성의 유두가 나온 사진으로서는 역대 최장 시간인 20시간을 버텼다. 이후 사 측은 계정 정지

이유를 "인스타그램은 12세 이상 사용 가능한 앱이기 때문에 어린이들에게 유해 콘텐츠가 될 수 있다"는 것이라 밝혔다. 인스타그램은 사진작가 루피 카워(Rupi Kaur)의 생리를 소재로 한 일상적인 사진을 가이드라인에 의해 삭제했다가 이를 철회하고 사과하기도 했다. [양민영]

유리몸
연약한 육체. 다치고 손상되기

쉬운 육체를 두고 유리몸이라 부르는데, 사실 생각해 보면 육체의 연약함은 산산이 깨지고 흩어지는 것이라기보다는 부패와 염증의 상태와 더 가까운 것 같다. 부어올라 붉고 검게 물드는 육체는 유리와는 거리가 먼 것 같다. 그런데도 굳이 육체에 투명한 광물성의 이미지를 연결시키는 까닭은 무엇일까. 유리몸이란 인간의 물성보다는 어떤 정신성을 표현하는 말인 것 같다. 건강한 육체에 깃드는 건강한 정신 대신, 상하기 쉬운 연약한 육체에 깃드는 어떤 투명하고 예리한 정신. 그것이 다시 육체의 이미지에 덧입힌 것 같다. 연약함을 뜻하는 'vulnerable'을 오에 겐자부로는 그의 작품에서 '공격 유발성의'라는 뜻으로 이해한다고 서술한 바 있는데, 나에게는 그것이 유리의 투명함과 연약함을 연상시킨다. 너무 투명하고 깨끗해서, 깨트리고 싶어지게 만드는, 그런 연약함. [황인찬]

의족

다리의 기능을 대신하는 인공 보조기. 크게 두 종류로 나뉘는데, 무릎 위를 절단한 경우는 대퇴(허벅지) 의족, 무릎 밑을 절단한 경는 하퇴(종아리) 의족을 사용한다. 몸 전체의 균형과 움직임을 담당하는 만큼 관절의 기능이 중요하다. 과거엔 나무나 철로 만들었지만 요즘은 플라스틱처럼 가벼운 소재가 쓰인다. 기술이 발전함에 따라 의족 또한 첨단의 변화를 거듭하는 중이지만, 이를 필요로 하는 이들에게 합리적인 가격으로 보급되진 못하고 있는 실정이다. '플렉스 풋 치타'(The Flex Foot Cheetah)라는 이름의 의족은 SF적인 모양새로 많은 이들의 관심을 받았다. "플렉스 풋 치타는 21세에 무릎 아래를 잃은 의료공학자 반 필립스에 의해 발명됐다. 탄소 섬유로 만들어진 그것은 스프링처럼 작용하여 착용자의 걸음으로부터 운동에너지를 저장한다. ('블레이드 러너'라 불리는) 남아프리카의 스프린터 오스카 피스토리우스가 선택한 의족으로 아마도 가장 잘 알려져 있을 것이다. 피스토리우스는 2012년 하계 올림픽에서 그것을 사용하며 양 다리가 절단된 채 올림픽에 출전한 최초의 주자가 됐는데, 그의 '다리'는 보철의 탄성이 힘을 덜 쓰게 함으로써

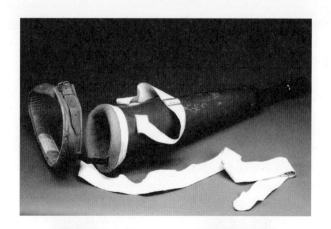

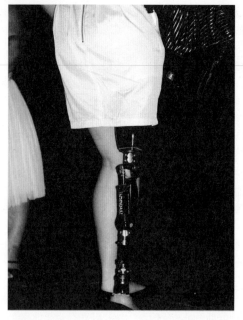

의족
[상] 의족. 영국, 1914–20.
[하] 축하연에 참석 중인 호주 패럴림픽 선수.

사용자에게 불공정한 이득을 주는 것은 아닌지에 대한 논란을 불러일으켰다."*

인큐베이터

체중 2kg 이하의 미숙아 및 이상 증세를 보이는 신생아를 격리 수용하는 보온기. 수용된 신생아의 상태를 바깥에서 관찰할 수 있다. 또한, 인큐베이터는 가부장제 이성애 남성 중심 사회에서 임신 여성을 비유하는 말로도 종종 쓰인다. "사실상, 여성을 태아 인큐베이터로 보는 이데올로기는 이전부터 있었지만 오늘날에는 다른 어느 때보다도 더 강하고, 임신한 여성들의 삶을 점점 더 침식해 들어오고 있다. 오늘날은 그 문제가 임신 여성들의 '삶의 스타일' 문제라는 맥락에서 나타난다는 것이 그 전과는 다른 점이다. 1986년 로렌스 넬슨과 그의 동료들은 "임신 여성들에게 의학적 치료를 강요하는 것은 여성의 사생활과 신체의 자유 침해로 나아가는

좋지 않은 판례가 될 것"이라고 경고했다. 가공할 미래의 디스토피아(마거릿 애트우드의 《시녀 이야기》에서 묘사되고 있는 것 같은)를 상상이라도 하듯 그러한 침입으로 일어남직한 것을 열거한다. "[...] 사실상 법원이 임신 여성들의 생활을 통제하고 그들의 일상 활동 속으로 광범위하게 침입해 들어오는 미래상은 끔찍할 뿐만 아니라 우리 사회에서 누리고 있는 기본적인 행동의 자유에도 반하는 것이다."" **

인터섹스

여성과 남성의 생식기적 특징을 동시에 지니고 태어난 사람. 수정된 태아가 자궁 안에서 분화해 가는 과정에서 호르몬 과다 분비, 희귀성 질환(터너증후군, 클라인펠터증후군) 등의 원인으로 양성의 상태가 된다. 성기 재건 수술을 통해 한쪽 성별 선택이 가능한데, 그 때문에 출산 시 부모가 일방적으로 수술을 결정하는 경우가 잦다. 이를

*   <Step-by-step: prosthetic legs through the ages>, «mosaic», 2015년 5월 18일, (https://mosaicscience.com/story/step-step-prosthetic-legs-through-ages-gallery/).
**   수전 보르도, «참을 수 없는 몸의 무거움: 페미니즘, 서구문화, 몸», 박오복 옮김, 또하나의문화, 2003, 107쪽.

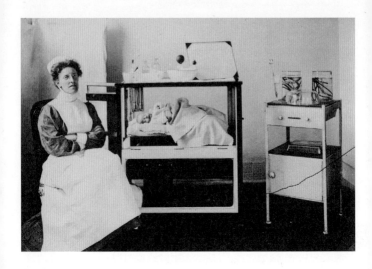

인큐베이터
인큐베이터 속에서 잠든 아기와 간호사. 영국, 1908.

겪은 이는 큰 혼란과 후유증을
안을 수밖에 없다. 최근 독일은
인터섹스로 태어난 아이를 위한
조처로 출생증명서에 제3의 성을
기록할 수 있게 했다.

자궁

거꾸로 세운 조롱박 모양의
두꺼운 벽에 속이 빈 근육성
기관으로, 난자가 착상하면
그 안에서 발육하는 배아 및
태아에게 영양분을 공급한다.
태아는 발생과 성장을 거쳐
출생 전까지 이곳에 머물게
된다. 임신하지 않은 여성의
자궁은 자신의 주먹과 비슷한
크기이며, 골반 같은 해부학적
장해물 때문에 임신 시 팽창에
대비하여 배 안쪽으로 약간 눌려
있다. 임신 중인 자궁의 무게는
약 1 kg 정도다. 자궁은 인간이
발생하고 성장하면서 최초로
머무는 곳이므로 '우리 모두의
고향'이라 부를 수 있다. "먼 옛날
나의 시간이 시작되기 전 그 옛날
/ 엄마의 뱃속은 참 시끄러웠지
교통의 요지였다니까 / 창자
속으로 살수차들이 미끄러져
가고 나면 / 핏줄 위로 출근
전차가 지나가고 / 콸콸 흐르는

오줌 강물 위로 유람선이 부웅
기적을 울렸지"*

자위행위

혼자서 하는 성적인 행위,
'섹스'를 말한다. 섹스토이와
같은 도구를 사용해 자극하거나
손가락을 이용해 자극할 수
있다. 베개 혹은 이불을 사타구니
사이에 끼워서 자극하거나 가구
모서리 같은 곳으로 자극을 가할

수도 있다. 어떤 방법이 자신에게
맞을지는 다양한 경험을 통해서
찾을 수 있다. 손가락을 질 혹은
애널에 삽입할 경우, 약한 피부가
손톱에 긁힐 수도 있으니 손가락
콘돔이나 콘돔을 사용하는 것이
좋다. 본인이 어떤 섹스 판타지를
가지고 있는지를 파악하고
있으면 자위행위를 할 때 더
극적인 쾌감을 이끌어 낼 수 있다.
파트너 섹스 경험 혹은 섹스를 할

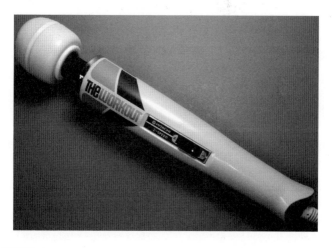

자위행위
여성 용 자위 도구 중 하나인 히타치 매직 원드 70년대 모델. 미국의 섭 채방 페미니스트
베티 도슨(Betty Dodson)은 여성의 성적 독립성을 쟁취하기 위해 대상 의존적인 실제 섹스 대신
자위를 통해 오르가슴을 느껴야 한다고 강조하면서 당시 근육 안마용으로 시판되던 히타치
매직 원드를 도구로 사용할 것을 적극적으로 추천했다.

* 김혜순, <은밀한 익사체>, «당신의 첫», 문학과지성사, 2008, 72–74쪽.

수 있는 파트너 유무와 관계없이 즐길 수 있는 혼자만의 놀이다. 파트너 섹스가 만족스럽더라도 자위를 즐길 수 있다. [은하선]

잠

의식 활동을 멈추고 피로를 회복하는 행위. 생명 유지에 반드시 필요하다. 잠의 깊이에 따라 뇌파상의 변화가 나타난다. 그 파고 사이사이에 꿈이 있다. "네가 눈을 감자마자, 잠의 모험이 시작된다. 방의 저 익숙한 박명(薄明)에, 세세하게 나뉜 어두운 체적이, 네가 수천 번을 지나다녔기에, 힘을 들이지 않고서도 네 기억만으로 길을 알아낼 수 있는 그곳에서, 불투명한 사각 창으로부터 그 길들을 되짚어 내고, 반사광으로부터 세면대를, 조금 더 명료한 책 한 권의 그림자로부터, 선반을 되살려 내면서, 이보다 더 검은, 걸려 있는 옷가지의 뭉텅이가 또렷이 확인되는 그곳에서 이어지고, 얼마간의 시간이 지나자, 네 콧등 위로, 온전한 직각은 아닌 것 같은, 네 두 눈의 두덩 위로 아주 작은 일각(一角)을

드리울, 또렷한 테두리도 없는 어떤 그림 한 점과도 같은, 얼핏 보아 일률적으로 회색이거나, 색깔도 형태도 없어, 네게는 오히려 무채색으로 보일 수도 있을, 그러나, 재빠르게 형성될 것이 또한 분명한 그런 그림과도 같이, 이차원의 공간 하나가, [...] 나타난다." *

장애

장애인복지법에 따르면 "장애인이란 신체적·정신적 장애로 오랫동안 일상생활이나 사회생활에서 상당한 제약을 받는 자"다. 여기서 장애는 총 15가지 범주로 분류되는데, 크게 신체적 장애와 정신적 장애로 나뉜다. 신체적 장애에는 외부 신체 기능 장애에 해당하는 지체장애, 뇌병변장애, 시각장애, 청각장애, 언어장애, 안면장애와 내부 기관 장애에 해당하는 신장장애, 심장장애, 간장애, 호흡기장애, 장루·요루장애, 간질장애가 있다. 정신적 장애에는 지적장애, 정신장애, 자폐성장애가 있다. 각각의 유형에는 장애 정도별 '등급'이 존재하며, 그에 따른 등록 제도를

---

* 조르주 페렉, 《잠자는 남자》, 조재룡 옮김, 문학동네, 2013, 13쪽.

거쳐야 복지 혜택을 제공받는 법정 장애인이 된다. 그러나 법적 장애의 범주에 포함되지 않는 신체적 장애도 분명 존재한다. 또한 장애의 개념은 시대의 흐름과 더불어 변화하고 있다. 그 경향은 "첫째 장애 당사자의 자기 결정과 선택에 대한 강조, 둘째 장애를 규정하는 개념이 단순 모델에서 복합 모델로 전환, 셋째 장애의 개념 규정에서 환경적 요인을 점차 강조, 넷째 긍정적인 용어 사용을 강조하고 있는 점 등으로 요약할 수 있다."[**]

그럼에도 불구하고 한국 사회에서 장애인에 대한 인식은 크게 달라지지 않았다. 일상적인 차별과 사회적 낙인, 시혜와 동정의 존재로 대상화, 행정 중심적 복지 제도, 공공 편의 시설 부족 등 장애를 가진 사람들은 갖가지 차원에서 여전히 불편을 겪으며 살아가고 있다.

장애등급제

등록 장애인을 대상으로 장애 정도에 따라 등급을 부여해 적합한 복지 서비스를 차능 제공하기 위해 시행된 제도. 행정상 편의를 제외하고는 많은 문제점을 안고 있다는 것이 드러났다. 이를 요약하면 다음과 같다. 근본적으로 장애의 유무와 그 정도를 수치화하는 일은 인간의 차이를 서열화하는 것이다. 자신의 '열등함'을 스스로 증명받는 과정에서 수혜자의 자존감은 훼손될 수밖에 없다. 또한 장애 등급 판정은 장애인 개인이 처한 사회적 환경이나 경제 조건은 고려하지 않고 의학적 기준에 치우쳐 이뤄지기 때문에 각자의 역량과 수요에 맞는 복지를 제공하지 못한다. 그 밖에도 장애 유형별 등급의 형평성에 제기되는 문제, 기준 등급 미달 시 혹은 법적 장애 범주에 해당하지 않는 장애를 가진 경우 복지 서비스에서 배제되는 문제 등 여러 층위의 문제들이 있다. 이에 장애인 및 장애인 단체들은 인권을 침해하고 불합리적인 장애등급제의 폐지를 주장하고 있다. 인간다운 삶을 누리고 권리를 보상받기 위한 투쟁이다. 2018년 3월 5일 정부는 장애등급제를

[**] 임종호·이영미·이은미, 《장애인복지론》, 학지사, 2013, 56쪽.

폐지하겠다고 발표했다. 오랜 숙원의 실마리가 보이는 듯하지만 실질적인 효과를 위해 보장받아야 할 사안들이 남았다. 무엇보다 복지서비스 예산의 전폭적인 확대가 요구되며, 활동보조 24시간 보장 등 반드시 포함되어야 할 쟁점들이 있다.

재활

신체에 기능적 장애가 남은 경우 혹은 병이 회복된 이후 신체적, 정신적, 사회적, 경제적, 직업적인 능력 등의 회복을 도모하는 과정. 건강한 사람에 가까운 생활이 가능하도록 심신의 기반을 만드는 것에 일차적인 목표를 두며 필요에 따라 의료 보조 기구의 도움을 받아 신체 활동의 기능을 개선할 수 있다. 아동의 경우 의학적 재활과 더불어 교육적 재활이 중시되며 이의 상당 부분이 특수학교에서 행해지고 있다.

제모

몸에 난 털을 제거하는 것. 주로 미용을 목적으로 행한다. 전 세계적으로 여성의 체모, 특히 겨드랑이 털 따위를 수치스러운

것으로 여겨 제모를 강권하는 사회적 분위기가 있다. 다니엘라 마이어와 클라우스 마이어는 《털》에서 다음을 지적한다. "유럽이나 비유럽권을 막론하고 거의 모든 문화권에서 자신의 체질과는 상관없이 체모 면도라는 고문을 감당해 왔고 또 그래야만 하는 쪽은 오로지 여성들이었다. 고문이라는 말에 너무 놀라지 말기 바란다. 여기서 말하는 체모 면도라는 것이 몸에 난 모든 털을 깡그리 제거하는 것과 같은 극단을 뜻하지는 않는다. 물론 그런 경우도 없지는 않겠지만 아주 드문 예외일 뿐이다."* 최근 국내 번역된 《여자다운 게 어덨어》의 저자 에머 오툴(Emer O'Toole)은 2012년 초 영국의 생방송 TV 토론 프로그램에 출연하여 '사회적인 미의 기준에 순응하라'는 상대 패널의 말에 18개월 동안 기른 자신의 겨드랑이 털을 들이밀어 큰 화제를 모았다. '반사회적' 겨드랑이 털이 건넨 충격의 여파가 컸는지 방송 직후 영국 사회는 여성 제모에 대한 논란으로 시끄러웠다.

---

*   다니엘라 마이어·클라우스 마이어, 《털》, 김희상 옮김, 작가정신, 2004, 64쪽.

제모
저널리스트 에머 오툴(Emer O'Toole)은 2012년 초 영국의 생방송 TV 토론 프로그램에 출연하여 '사회적인 미의 기준에 순응하라'는 상대 패널의 말에 18개월 동안 기른 자신의 겨드랑이 털을 들이밀어 큰 화제를 모았다.

젠더

개인을 여성/남성이라는 이분법적 성차로 구분하고, 그에 적합하다고 여겨지는 여성적/남성적 태도, 가치, 행동 양식 등의 성 역할 규범을 부여하는 사회 문화적인 시스템. 또한 그 결과 개인이 갖게 되는 성적 태도나 정체성을 뜻한다. "여자인가 남자인가 또는 남성적이라든가 여성적이라는 성적인 차이가 의미 있게 되는 경우에 우리는 언제나 성적 구분의 문제에 직면하게 된다. 성에 있어서 생물학적, 생리적 차이는 거의 달라지지 않으므로 천성적인 측면을 갖는다. 이 위에 인간의 사회적 관계를 구분하고 의미 지우는 사회적·문화적 구조가 존재한다. 젠더는 바로 이 사회 문화적 구조에 의해 강제되며 개인들이 사회 속에서 여성, 남성 주체로 길러진다는 점을 강조하는 용어이다. 젠더는 전적으로 사회적이고 문화적인 것이지 천성적인(natural) 것이 아니다. 젠더는 인간을 성적으로 구분하고 의미화하는 것이며 여기에 본질적인 근원 같은 것은 없다. 그러므로 젠더를 강조하는 것은 문화가 변형될 수 있다는 것이며 '본질적으로' 여성적, 남성적인 것이 사실은 자연적인 것으로 정당화되어 온 이데올로기라는 점을 밝히는 것이다." *

젠더퀴어

"당신 남자야, 여자야?" 흔히 이 질문에 "남자요" 혹은 "여자요"라는 두 가지 선택지의 답을 떠올린다. 젠더퀴어라면 "응", "아니요", "지금은 남자요", "지금은 여자요" 등 최소 네 종류, 그러니까 이보다 훨씬 많은 종류의 답을 떠올릴 것이다. 같은 사람이라도 상황에 따라 다른 대답을 할 수도 있다. 젠더퀴어는 인간의 젠더를 남성 아니면 여성으로 배타적으로 구분하는 방식 자체를 문제 삼는다. 어떤 젠더퀴어는 여성인 동시에 남성일 테고 다른 젠더퀴어는 여성도 남성도 아닌 다른 어떤 젠더일 테며 또 다른 젠더퀴어는 어떤 순간엔

남성으로, 다른 순간엔 여성으로 또 다른 순간엔 그 어느 쪽도 아닌 젠더일 테다. 젠더가 없다고 느끼기도 한다. 이것은 젠더를 인식하고 실천하는 방식이 단지 다양하다는 뜻이 아니다. 이 사회가 젠더를 둘 중 하나로만 사유하고 있고 이런 방식의 태도가 젠더퀴어의 삶을 불가능하게 만들며 지배 규범의 언어, 주류의 언어, 대중의 언어로는 복잡한 삶을 설명할 수 없다는 뜻이다. 젠더 실천과 정체화에 더욱 풍성한 언어가 필요하다. 젠더퀴어란 용어는 젠더 이분법에 저항하고 삶을 설명할 더 풍성한 언어를 모색하는 과정에서 등장했다. 새로운 범주 용어는 이 사회의 인식론, 언어, 경험의 한계를 분명하게 드러낸다. 새로운 범주 용어가 등장할 때 이들 언어에 주의를 기울여야 하는 이유다. [루인]

졸음

우리의 육체가 어느 순간 현실에 머물기를 거부할 때, 그것은 찾아온다. 한없이 무거워지는 육체와 더없이 가벼워지는

* 박미선, ‹젠더(Gender)›, «여/성이론» 제1호

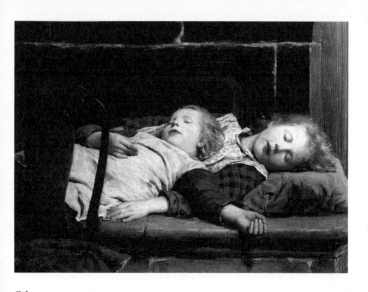

졸음
알베르트 앙커(Albert Anker), ‹난로 위에서 잠든 아이들(Zwei schlafende Mädchen auf der Ofenbank)›,
1895.

정신의 사이에 그것은 머물고 있다. 졸음이 유발하는 괴로움은 그 간극으로부터 발생하는 듯하다. 무거움과 가벼움의 사이, 찰나의 영원으로 도달하게 되는 순간, 그때 인간의 육체는 그 간극에 짓눌리게 되는 것 같다. 허공에 떠오르게 되는 것 같다. 보르헤스는 꿈과 잠으로부터 무한과 영원, 죽음의 알레고리를 창출해 내었는데, 졸음에 대해서는 어떻게 생각하고 있었을까, 그것이 항상 궁금했다. 잠으로부터 신적인 것을 발견할 수 있었다면 졸음이란 신에게 도달하는 과정일까. 어릴 적, 초등학교 저학년쯤 되었을 때의 어느 늦은 밤, 밀려오는 졸음에 파묻혀 있었을 때, 반쯤 잠들어 있었을 때, 나는 어머니에게 이렇게 말했다. “엄마, 하나님이 나를 만든 게 아니라 내가 하나님을 만든 것 같아.” 어머니는 아무런 말도 하지 않았다. [황인찬]

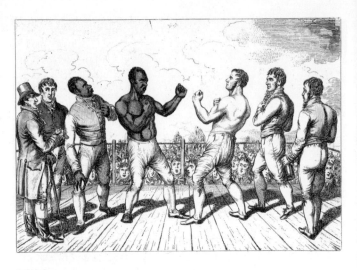

주먹다짐
세기의 주먹다짐. 노예 출신 복서 톰 몰리노(Tom Molineaux)와 당시 영국 챔피언이었던 복서 톰 크립(Tom Cribb)의 경기는 흑인과 백인 간 최초의 대결로 기록된다.

주먹다짐

술 취한 중년의 남자가 어두운 골목길을 걷고 있다. 남자는 한 중소기업의 만년 과장으로 부하 직원들과 함께 회식을 했다. 일차로 매운탕과 소주를, 이차로 치킨과 맥주를 먹었다. 남자는 술을 마시며 자신이 최근 이유 모를 우울감에 시달리고 있다고 털어놓았는데, 회사에서도 집에서도 자기 말에 귀를 기울이는 사람이 없다는 것이 그 이유라는 사실은 털어놓지 않았다. 술 취한 남자는 비틀거리다 맞은편에서 걸어오던 고등학생과 어깨를 부딪쳤다. 남자가 일부러 부딪친 것은 아니었지만 남자는 일부러 피하지도 않았다. 남자와 고등학생의 눈이 마주쳤다. "뭘 봐?" 남자가 말했다. "사과하세요. 아저씨가 먼저 부딪쳤잖아요." 고등학생이 말했다. "싫은데?" 남자가 말했다. 둘은 한 동안 서로를 노려보았다. "사과하세요." 고등학생이 다시 말했다. "싫다면? 나랑 주먹다짐이라도 할 거야?" 남자가 말했다.

"아저씨랑 그런 걸 왜 해요?" 고등학생은 황당하다는 얼굴로 말했다. 집으로 돌아오며 남자는 기분이 좋았다. 자신이 죽지 않았다는 사실을 증명하기라도 한 기분이었다. 주먹다짐이라는 단어가 사어라는 사실을 몰랐던 남자는 웃으며 잠들었다. 마침 데이터가 떨어져서 스마트폰을 사용할 수 없었던 고등학생은 집으로 돌아와서야 주먹다짐이라는 단어를 검색할 수 있었다. 고등학생은 뒤늦은 분노와 함께 뜬 눈으로 밤을 새웠다. [금정연]

지적장애

장애인복지법은 지적장애인을 "정신 발육이 항구적으로 지체되어 지적 능력의 발달이 불충분하거나 불완전하고 자신의 일을 처리하는 것과 사회생활에 적응하는 것이 상당히 곤란한 사람"으로 정의한다. 장애인 등에 대한 특수교육법에서는 지적 장애인을 "지적 기능과 적응 행동상의 어려움이 함께 존재하여 교육적 성취에 어려움이 있는 사람"이라고 정의한다. 과거에 정신박약, 정신지체로 불렸는데 2007년 개정된 장애인복지법에 따라 정신지체는 지적장애로, 발달장애는 자폐성장애로 부른다. '정신지체'라는 용어에는 개인의 내적 조건에 의해 기능이 제한된 상태가 장애라는 관점이 내포되어 있지만, '지적장애'라는 용어에는 그 개인이 갖고 있는 잠재력과 사회·문화·환경적 맥락이 잘 맞지 않아 생기는 제한된 기능 상태가 장애라는 관점이 내포되어 있다.

지체장애

일상생활의 제약을 초래하는 신체적 기능의 장애 혹은 형태상의 장애를 지닌 것, 몸통을 지탱하거나 팔다리의 움직임 등에 어려움을 겪는 신체적 조건이나 상태를 의미한다. 종류는 경미한 수준에서부터 절단과 같은 영구적 기능 손상까지 포함한다. 뇌성마비, 외상성 뇌손상, 뇌졸중 등 뇌의 기질적 병변으로 인해 발생한 뇌병변장애도 이에 해당한다. 단순 지체장애 및 중복장애로서 지체장애를 갖는 사람의 합계로 계산했을 때 법적으로 정의되는 전체 15종의 장애 유형 중 가장 큰 인구 규모를 보인다. 지적장애를 지니지 않은 단순

지체장애인들은 복지 서비스나 보조 기기의 제공만으로도 독립적인 삶을 영위할 수 있어서 제도적으로 이를 얼마나 지원하느냐에 따라 삶의 질이 큰 폭으로 달라질 수 있다. 그럼에도 한국은 신체 장애를 가진 것이 인간다운 삶의 걸림돌이 되는 사회다. 해마다 명절이면 고속버스 터미널에서 장애인 이동권(Rights to Mobility) 보장을 촉구하는 시위가 열리며, 광화문 농성장에서는 몇 년째 장애인 인권을 침해하는 장애등급제와 부양의무제를 폐지하라는 외침이 이어지고 있다. 행정 편의적 정책과 비장애 중심적 공공 환경에 절대적인 개선이 필요하다.

청각장애

청신경의 기능 이상으로 말과 음을 잘 듣지 못하는 상태를 말한다. 보청기 사용으로 의사소통이 가능한 경우를 난청, 일상생활에서 청력을 활용할 수 없는 상태를 농(聾)이라고 한다. 청각장애인은 수화나 필담 등 시각적인 방법으로 의사소통한다. 비장애인에게는 다른 신체 장애인과 마찬가지로 시혜의 대상으로서만 이해되는 경향이 크다. "대부분의 건청인은 청각장애가 청능의 부재라고 생각한다. 하지만 대다수 청각장애인은 청각장애를 청능의 부재가 아니라 청각장애의 존재로 본다. 농문화는 하나의 어엿한 문화이자 삶이며, 언어이면서 미학적 특징이고, 신체적인 특징이자 다른 사람과 구분되는 지식이다. 이 문화에서는 건청인의 경우와 달리 몸과 마음의 긴밀한 조화가 무엇보다 중요하다. 이들에게 언어란 단지 혀와 후두의 제한된 구조가 아니라 주요한 여러 근육 조합이 복합적으로 작용한 결과물인 까닭이다." *

출산

"나는 출산 관습에 대한 글을 읽던 중, 고대 멕시코 아스텍인들의 이야기에 가장 깊은 인상을 받았다. 아이를 낳다 죽은 아스텍 여성들은 전쟁 영웅과 같은 완전한 군사적 예우를 갖추고 매장되었으며, 그 가족들은 연금을 받았다.

---

*   앤드루 솔로몬, 《부모와 다른 아이들》, 고기탁 옮김, 열린책들, 2015, 119쪽.

아스텍인들은 출산을 "여성의 전쟁"으로 대우했다. 출산 장면을 여러 번 보아 온 나 역시 이에 동의한다. 출산은 한 여성이 자기 아이와, 자기 자신과, 전체 종을 위해 벌이는 생사를 건 투쟁이다. 나의 두뇌가 이런 글을 쓸 수 있을 만큼 커다랗기 위해 내 어머니와 어머니의 어머니는 그런 전쟁을 치러야 했다. 여성의 출산에서, 우리는 예수가 게쎄마니에서 보였던 것과 똑같은 용기를 보며, 이것은 단지 그렇게 해야 하기 때문에 참기 어려운 잔혹한 시련에 맞서는 것이다. 아스텍인들은 인간을 제물로 바쳤고, 사람의 머리를 가지고 축구를 했지만, 그들이 여성에게 표한 경의는 "계몽된" 시대에 사는 우리가 배워야 할 교훈이다."[**]

춤

일상적이거나 일상적이지 않은 동작을 변형하거나 반복하여 주변의 시선을 끄는 행동(예: 앞으로 걸어가다 멈추고 다시 뒷걸음을 치다 멈추고 다시 앞으로 걸어간다). 이 행동은 자주 음악을 배경으로 깔고 나타나지만, 그렇지 않은 경우도 있다. 이 행동에 익숙하고 능숙한 부류의 사람을 댄서나 무용수라고 부르며 이들이 움직이는 모습을 많은 사람들이 한데 모여 감상하기도 한다. 이 행동에 익숙하지 않은 일반인들은 이 행동을 불특정 다수에게 보여 주는 것을 부끄러워하는 경우가 많으며, 그렇기 때문에 바(bar)나 클럽이라는 공간에서 술, 어두움, 시끄러운 파티 음악의 힘을 빌리기도 한다. 춤을 잘 추는 것 혹은 매력적으로 추는 것은 인간이 사회적인 관계를 맺을 때 매력을 과시하는 방법으로 쓰이기도 하며, 이 때문에 수많은 연예인들이 '매력 발산'이라는 명목으로 애써 이 행동을 보여 주는 것을 심심치 않게 접할 수 있다. 정형화된 형태의 움직임과 옷을 입는 방식으로 춤의 장르를 구분하기도 하며, 정형화되지 않은 움직임을 통틀어 '막춤'이라는 말로 에눌러치기도 한다. 하지만 현대 예술이라는 것이 다 그렇듯 어떻게 보면

[**] 프랭크 T. 버토식 주니어, «사로잡힌 몸», 김숙진 옮김, 이제이북스, 2005, 153쪽.

춤

안무가 안은미는 일련의 공연을 통해 이 시대 민초들이 사는 이야기를 막춤 형식으로 녹여내 화제가 되었다. 사진은 '안은미 바리-이승편'(2014)의 막춤 시퀀스.

'막춤'인 것이 어떻게 하다 '명춤'이 되기도 하는 것이다. [이랑]

치아

위턱과 아래턱에서 돌출되어 상하좌우로 대칭을 이루는 단단한 기관으로, 이빨 혹은 이라고도 부른다. 주로 입 안으로 들어온 음식물을 잘게 부수어 소화할 수 있는 형태로 만들고, 발음을 돕는 역할을 한다. 신체 성장과 함께 두 차례 대대적으로 빠지게 되는데, 이와 같은 치아 교환기를 거친 후 온전히 자신의

것이 된 치아를 '영구치'라 부른다. 영구치의 개수는 일반적으로 28-32개 정도다. 치아는 높은 무기질 성분으로 이뤄져 있어 쉽게 부패하지 않으며, 오래 보존되는 특성을 지닌다. 그 때문에 치아와 관련된 연구는 고인류학과 법의학 같은 분야에 결정적인 영향을 끼쳤다. "우리 조상들은 자신들의 여행 기록을 치아에 보존하고 있었다. 치아는 내부의 상아질과 바깥의 에나멜층으로 구성되어 있는데, 상아질이 부드럽고 유기질이 많은 데 반해 에나멜층은 매우 단단한

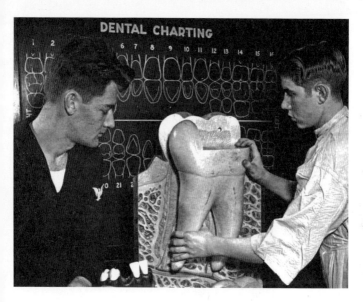

치아
치과 대학 수업 중 치아 모델을 들여다보는 학생들. 헝가리, 1948.

인회석으로 되어 있으며, 인체 중에서 가장 오랫동안 보존된다. 이 에나멜층의 화학 조성은 대략 열여섯 살이 되면 굳어져 평생 바뀌지 않는다. 즉 그때까지 살았던 환경 및 식생활에 따라 굳어지는 것이다."*

코르셋
허리를 극도로 조이고, 가슴과 엉덩이 크기를 과장하는 체형 보정용 속옷. 여성용이라고 여겨지지만 본래는 남성을 위해 만들어졌다. 상반신을 과도하게 조이기 때문에 불편함을 넘어 내장이 이동하는 등 신체에 악영향을 끼쳤다. 16세기부터 서구 사회의 부유한 여성들 사이에서 주로 사용됐으며, 여성용 아이템으로는 처음으로 대량 생산이

---

* 　진정일, <치아는 타임캡슐>, 《교실 밖 화학 이야기》, 궁리, 2013, 59쪽.

코르셋

[상] 상점에 진열된 코르셋. 파리, 1912년. 코르셋은 "허리를 극도로 조이고, 가슴과 엉덩이 크기를 과장하는 체형 보정용 속옷. 여성용이라고 여겨지지만 본래는 남성을 위해 만들어졌다."

[하] 어린이용 코르셋 광고. 뉴욕, 1886.

이뤄졌다. 1920년대에 이르러, 브래지어와 거들이라는 대체품 개발과 1차 세계대전 이후 여성 권리 신장이라는 사회적 배경 아래, 여성은 코르셋으로부터 해방됐다. 이전까지 가슴과 허리 엉덩이를 잇는 '여성적인 굴곡'이 강조되는 의상이 유행했다면 1920년대에는 전체적으로 얇고 긴 평면적인 실루엣이 유행했다. 여성들은 이를 위해 가슴을 일부러 작게 연출하기도 했다. 브래지어와 거들이 속옷의 역할을 대신하면서 코르셋은 오히려 겉에 입는 옷으로, 페티시즘 하위문화를 위한 코스튬 역할을 하거나 의료용으로 쓰였다.

당시 샤넬은 남성복의 문법을 이용해 심플하고 스포티한 스타일의 여성복을 제시했다. 긴 머리 대신 짧은 머리, 치마 대신 바지, 파스텔 색조의 색상 대신 어두운 천, 실용적이고 편한 소재 등 사회가 강요하는 여성성과는 다른 미감의 여성복을 제안한 것이다. 1940년대, 2차 세계대전 이후 크리스친 디올의 '뉴룩'과 같이 허리가 강조되는 패션이 유행했지만 한 번 코르셋을 벗은 여성들은 불편한 코르셋을 다시 착용하지 않았고, 필요하다면 허리만을 위한 보정 속옷을 따로 착용했다. 2016년의 한국에서 코르셋은 페미니즘 용어로 자주 사용됐다. 여성혐오에 대한 문제의식을 공유하는 온라인 커뮤니티 '메갈리아'에서 쓰기 시작한 말로 가부장적 사고방식이 만들어 낸 여성혐오에 갇혀 있는 것, 사회가 강요한 여자다움을 스스로 내재화한 상태를 일컫는다. 이는 사회적 시선과 억압에 대해 "코르셋을 벗자"는 주장으로 이어진다. [양민영]

코털

코는 때때로 사회적이거나 개인적이거나 성적인 기호로 사용되지만 코털에 대해 말하는 일은 사회적 금기에 속한다. 이는 상대방의 삐져나온 코털이 우리를 심난하게 하더라도 우리가 할 수 있는 일은 아무것도 없다는 것을 의미한다. 삐져나온 코털이 아무리 혐오스럽다고 해도 그것을 지적하는 행위는 무례로 간주되기 때문이다. 어느 날 갑자기 사라진 코(고골, 《코》)나 휘어진 코(피란델로, 《아무도 아닌, 동시에 십만 명인 어떤 사람》), 심지어 깨끗하게 면도한 콧수염(카레르,

«콧수염»)에 대한 소설은 있어도 코털에 대한 소설은 아직 없다. 이것은 우리 문화의 이중성을 드러내는 극단적인 사례일까? 한때 나는 코털에 대한 소설을 쓰려고 생각했다. 발톱 무좀과 치질을 잇는 생명정치 연작의 일부였다. 이제 내 콧구멍 속에는 하얀 코털이 자라지만 원래 그런 건지 아니면 뭔가 잘못된 건지 물어볼 곳이 없다. [금정연]

쾌락

심리적인 만족과 욕망 충족에서 비롯되는 유쾌한 감정을 말한다. "쾌락의 문제에서 뒤집히다, 전복되다라는 뜻을 가진 '샤비레chavirer' 동사만큼 많은 걸 시사하는 단어도 없을 것이다. 우린 정말로 뒤집어진다! 하지만 레트레 사전에 따르면, 19세기에 이 동사는 실패, 다시 말해 사회적인 경력에서 발걸음을 잘못 떼었다는 것을 낙인찍는 단어였다. "그 젊은이는 전복되었다." 당시엔 이 동사에 쾌락과 관련된 함의는 전혀 없었고, 단지 부르주아의 희망이 무너지는 걸 의미할 뿐이었다."*

퀘스처너리

스스로의 정체성에 대해 의문을 품고 탐색하는 과정에 있거나, 성 정체성에 대한 규정을 하지 않고 가능성을 열어 두는 사람을 일컫는다.

퀴어

성소수자를 일컫는 말. '이상한'이란 뜻의 단어로 동성애자를 비하하는 말로 쓰였는데, 오히려 이를 성소수자들이 스스로를 가리키는 표현으로 빼앗아 쓰기 시작했다. 시인 황인찬은 22세기에 이르러 사라지게 될 언어들의 목록에 '퀴어'를 포함시켰다. "과거부터 만연하였던 성소수자들에 대한 물리적이며 비물리적인 차별은 22세기에 이미 해소되었다. 그들은 더 이상 '이상한' 존재로 여겨지지 않으며, 그런 이유로 퀴어라는 말 또한 쓰이지 않는다. 그들은 이성애자와 동등한 제도적 지원과 보호를 받고 있으며, 대부분의 종교에서도 그들의 삶과 교리 사이에 괴리가 없음을 밝혔다."**

---

*   다니엘 페나크, 조현실 옮김, «몸의 일기», 문학과지성사, 2015, 177쪽.
**   황인찬 외, «22세기 사어 수집가», 유어마인드, 2014, 28쪽.

퀴어
[상] 2010년 런던 성소수자 축제 'Pride London'에서 행진 중인 사람들.
[하] 2011년 국제 퀴어 문화 축제 'International Festival of Queer Culture 2011'에서
춤을 추고 있는 사람들.

키

반듯이 선 자세에서
발뒤꿈치부터 머리끝
정수리까지의 높이를 말한다.
"만일 어떤 사람이 '정상적인
키'이거나 그렇지 않다고
했을 때, 우리는 그것을
어떻게 받아들이는가? 또
어떤 아이가 자기 또래보다
유독 크거나 비정상적으로
작다는 것은 무엇을 뜻하는가?
우리는 키를 판단하기 위해
어떤 기준을 참조하는가?
과거의 기준들은 어느 정도
주관적이지는 않은가? 이런
문제에 대해 심사숙고해 보면,
인간의 키는 두 가지 조건으로
정의될 수 있다. 첫째 조건은
신장이라는 보이는 현실을
결정하는 개인적이고 유전적인
요소들이다. 두 번째 조건은
이런 현실에 대해 일종의
가치를 부여하는 집단적이고
사회 문화적인 요소들이다."*

키스

입술을 통해서 사랑의 흥분과
감정을 증폭시키고 유지시키는
중요한 기술 중 하나로 밝혀져
있다. 침팬지와 보노보에게서도

나타나지만 인간에게서 훨씬
자주, 높은 빈도로 나타난다.
또한 인간의 입술은 성적 신호를
전달할 수 있는 부위 중 가장
크게 노출된 부위이며 다양한
자극에 매우 민감하다. 많은
연구들에 의해 밝혀진 키스의
기능은 크게 다음의 세 가지로 볼
수 있다. 첫째, 잠재적 파트너가
양질의 유전자를 지녔는지
본능적 수준에서 알아볼 수 있게
하는 것(예: 맛과 냄새 등을 통해
본능적 호불호, 건강 상태 등을
가늠함). 둘째, 성적 흥분도를
높여 성관계 가능성을 높이는 것.
셋째, 관계 만족도를 높여 관계를
장기적으로 유지시키는 것. 특히
단기적인 관계보다 장기적인
관계의 만족도를 예측하는 데
키스가 중요한 역할을 하는
것으로 알려져 있다. [박진영]

통증

몸이 느끼는 아픔을 의미하는 말.
뜨거운 불에 닿으면 반사적으로
피하는 것처럼 몸을 보호하기
위한 방어 작용으로서 외부
위험 상황을 전달하는 경고라고
할 수 있다. 통증 자체가
질병은 아니지만 각종 질환을

* 카트린 몽디에 콜·미셸 콜, 《키의 신화》, 이옥주 옮김, 궁리, 2005, 20쪽.

키스

미국의 뮤지컬 영화 <달링 릴리(Darling Lili)>(1970)에서 록 허드슨(Rock Hudson)과
줄리 앤드류스(Julie Andrews)의 키스 장면.

암시하는 대표적인 증상이며 원인을 찾아내는 데 중요한 단서가 된다. 그러나 타인에게 내가 가진 통증의 정도를 정확히 전달하는 일은 어쩌면 불가능하다. "의학에는 통증을 측정하는 객관적인 척도가 없다. 그동안 통증을 측정하는 수많은 "양적인" 측정법이 개발되기는 했다. 이를테면 환자들에게 0(통증 없음)부터 10(개인적으로 경험한 최대의 통증) 중에서 통증의 정도를 선택하라고 하는 보그 측정법(Bog's scale)과 환자에게 "통증 온도계"를 보여 주면서 자신의 통증을 온도계의 눈금으로 나타내 보라고 하는 시각적인 측정법이 있다. 이런 모든 측정법들에는 공통적인 약점이 있다. 통증 자체가 아니라 환자 자신이 인식하는 통증의 정도만 측정한다는 것이다. 어떤 사람에게 심한 통증이 있다는 것을 객관적으로 확증할 변별력 있는 수단은 존재하지 않는다."*

트라우마

외상 후 스트레스 장애. 과도한 위험과 공포 상황으로부터 심각한 충격을 겪은 이들이 보이는 심리적 신체적 증상을 말한다. 강간, 학대, 폭행, 대형 사고, 자연재해, 전쟁, 테러, 국가 폭력 등의 경험은 흉터와 같아서 이후의 삶을 불가능한 것으로 만든다. "심리적 외상은 무력한 이들의 고통이다. 외상 사건이 일어나는 순간, 피해자는 압도적인 세력에 의해 무기력해지고 만다. 그 세력이 자연에 의한 것일 때, 우리는 재해라고 말한다. 그 세력이 다른 인간에 의한 것일 때, 우리는 그것을 잔학 행위라고 말한다. 외상 사건은 사람들에게 통제감, 연결감, 그리고 의미를 제공해 주는 일상적인 보살핌의 체계를 압도한다."**

트랜스젠더

어떤 사람은 트랜스젠더란 젠더를 횡단(트랜스)하는 사람이며 그렇기에 급진적 존재라고 말한다. 하지만 정작 트랜스젠더는 이 사회가 나의 젠더/존재를 위반(트랜스)한다고 답한다. 트랜스젠더가 젠더 이분법을

---

*   프랭크 T. 버토식 주니어, 《사로잡힌 몸》, 김숙진 옮김, 이제이북스, 2005, 272쪽.
**   주디스 허먼, 《트라우마》, 최현정 옮김, 플래닛, 2007, 67쪽.

트랜스젠더
신원이 확인된 사람들 중에선 처음으로 트랜스젠더 수술을 받은 릴리 엘베(Lili Elbe).

'횡단'하는 측면은 분명 존재하지만 이런 식의 표현은 종종 현 사회의 강력한 규범인 젠더 이분법 자체를 문제 삼지 않는다. 횡단하는 트랜스젠더 개인에게 집중할 뿐이다. 대신 이 사회가 트랜스젠더를 위반한다는 지적은 사회 구조, 젠더 이분법 자체를 직접 심문한다. 트랜스젠더가 존재하기 위해선 젠더 이분법—남성 아니면 여성이라는 구분/인식 자체를 당연한 것으로 가정해야 하며, 외모를 통해 상대방의 젠더를 확증할 수 있다는 믿음이 필요하다. 인간은 남성 아니면 여성이라는 인식과 제도와 규범이 없다면, 외모로 인간의 젠더를 판단하는(인식론적/물리적) 폭력이 작동하지 않는다면, 트랜스젠더란 존재는 인지되지 않거나 지금과는 많이 다른 방식으로 인식될 것이다. 물론 젠더라는 제도가 존재하는 한 어떤 방식으로든 위계와 배제의 질서가 존재할 것이며, 젠더가 둘이 아니라 열이라고 해도 트랜스젠더는 존재할 것이다. 더 많은 젠더 범주를 허용한다고 사회적 차별이 사라지진 않는다.

문제는 인간의 젠더를 특정한 방식으로 구분하는 권력 작동이다. 이것을 질문해야 한다. 이를 통해 남성 아니면 여성이란 개념 자체를 회의해야 한다. [루인]

틀니

인공 치아. 결손된 치아 일부 혹은 전체를 보충하는 보형물. 잇몸에 염증이 생기는 것을 방지하려면 잠들기 전 반드시 빼야 하고, 보관 시 물에 담가 두는 것이 좋다. "집에 돌아오면 늘 이가 빠졌다. 그는 빠진 이빨들을 화장실 물컵에 넣어 두고는 거울을 보며 텅 빈 입으로 웃었다. 아침이면 그것들을 하나씩 차례로 끼고 외출을 했다. / 어느 날인가 몹시 피곤하여 돌아온 밤 그는 화장실에서 이상한 소리가 들려 잠을 깼다. 일어나 가 보니 이빨들이 컵에서 나와 똑딱거리며 몸을 부딪쳐 가면서 춤을 추고 있었다. "참 재미있겠구나. 나도 끼워줘." 그의 말에 이빨 하나가 대답했다. "어서 들어와." 그는 춤을 추었다. 그러자 이빨들이 컵 속으로 모두 들어가 버렸다."*

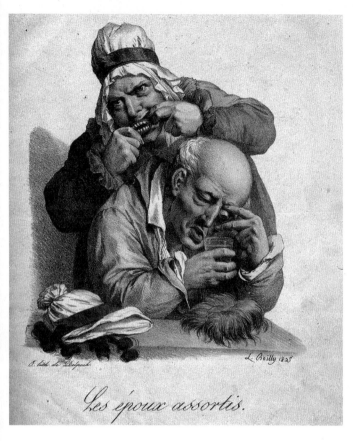

틀니

틀니와 유리 눈과 가발을 몸에 끼워 넣고 있는 부부. 델펙(Delpech), 1825.

*   이수명, <이빨들의 춤>, «고양이 비디오를 보는 고양이», 문학과지성사, 2004, 95쪽.

페이스키니
페이스키니(Facekini)를 착용한 사람. "페이스키니는 착용자에게 '익명'이라는 기능을 부여한다.
젊은 여성들이나 남자들은 페이스키니를 거의 쓰지 않지만, 중·장년 여성들은 해변에서 몸을
드러내는 것이 부담스러워 이 마스크를 더 적극적으로 쓰기 시작했다."

페이스키니

수영모 재질의 복면.
"페이스키니는 칭다오의
아주머니와 할머니들에게
인기가 많다. 그들은 얼굴이 볕에
타는 것이나 해파리에 쏘이는
것을 방지하기 위해 이것을
쓰기 시작했다. 최근 몇 년 동안
중국의 바다 오염이 더 심해져
페이스키니가 더 필요해졌다.
실용적인 기능 외에, 이들이

이것을 잘 쓰는 이유는 또 있다.
페이스키니는 착용자에게
'익명'이라는 기능을 부여한다.
젊은 여성들이나 남자들은
페이스키니를 거의 쓰지 않지만,
중·장년 여성들은 해변에서 몸을
드러내는 것이 부담스러워 이
마스크를 더 적극적으로 쓰기
시작했다. 페이스키니 자체는
눈에 띄는 편이지만, 정작 이것을
쓴 사람의 얼굴은 보이지 않기

때문에 남들의 시선으로부터 편해지고 자신감이 생긴다."*

편두통

한쪽 머리만 극심하게 아픈 두통. 그러나 통증이 양쪽 머리에서 일어나는 경우도 있다. 편두통 자체가 생명을 위협하진 않지만 발작이 시작되면 그렇게 느낀다. 메스꺼움, 구토, 빛과 소음에 대한 민감성, 소화 장애를 동반한다. 또한 통증에 앞서 감각 이상을 일으키는 '전조'가 있다는 것이 특징이다. 전조 증상에는 섬광이나 기하학적인 무늬 혹은 암점이 나타나고, 공간이 왜곡되어 보이고, 소리가 증폭되어 들리고, 알 수 없는 냄새를 맡는 등 갖가지 경우가 있다. 이 때문에 편두통은 종종 예술적 영감을 불러오는 낭만적인 기제로 여겨지기도 한다. "루이스 캐럴은 전형적인 편두통을 앓았다고 알려져 있으며, 캐로 W. 리프먼을 비롯한 몇몇 학자들은 캐럴의 편두통 경험이 «이상한 나라의 앨리스»에 나오는 그기의 형태의 낯선 변형을 자극했을지도

모른다고 시사했다."**

포르노그래피

오로지 보는 이에게 성적인 자극을 주기 위한 목적으로 만들어진 영상 혹은 사진. 놀랍게도 어떤 사람들은 공적인 장소에서조차 일상적으로 포르노그래피를 감상한다. 고속버스 앞 좌석에 앉은 중년 남성이 휴대폰으로 '야동'을 보고 있었다거나, 동네의 작은 가게에서 중년 남성이 무료한 표정으로 스크롤을 내리며 '야사'를 보고 있었다는 증언은 심심찮게 들려온다. 한국은 법적으로 포르노그래피가 금지된 나라지만 많은 이들이 어떤 방식으로든 포르노그래피를 자유롭게 접하고 있으며, 현실에서도 여성을 둘러싼 모든 것을 포르노그래피로 바라보는 시선이 늘고 있다. 연출된 영상이 아니라 당사자의 동의 없이 촬영된 '몰카'에서만 '참맛'을 느끼는 행태는 물론, 걸 그룹 멤버를 세로 프레임으로 잡아 섹시함을 극대화시키는 '직캠',

*　　펑양준, ‹페이스키니›, «COOL» 2호, 불도저프레스, 2015, 71–72쪽.
**　　올리버 색스, «환각», 김한영 옮김, 알마, 2013, 165쪽.

남성들만 모인 단체 채팅방에서 현실 여성을 향해 성적인 희롱을 내뱉는 것, 더 나아가 여성에게 무해하고 수동적일 것임을 요구하는 모든 시도가 그 증거다. 포르노그래피의 필터 없이는 여성의 존재를 인식하지 못하는 시대가 도래했다. [황효진]

피

혈관을 타고 흐르는 액체. 혈장과 혈구로 이뤄지며, 조직에 산소와 영양분을 공급하고 노폐물을 처리하는 매우 중요한 역할을 한다. 출혈이 많으면 곧 목숨을 잃는다. 그렇기 때문에 서양 의학 전통에서는 피가 영성을 운반한다고 믿었다. 비슷한 맥락에서 피는 가족, 부족, 민족 따위처럼 위로부터 물려받아 갖게 되는 몸속의 어떤 성질을 표상한다. "피의 전설적인 힘은 세월과 각 부족들의 문화를 관통한다. 마치 공통된 인간성을 표현하는 유일한 것으로 모든 종족들을 묶듯이. "내가 진실로 진실로 이르노니 사람의 아들의 살을 먹지 아니하고 사람의 아들의 피를 마시지 아니하면 너희 속에 생명이 없느니라."(요한복음 6:53) [...] 유명한 작가가 되기 전에 내과의사였던 16세기의 프랑수아 라블레(Francois Rabelais)는 그의 작품 《팡타그뤼엘(Pantagruel)》에서 다음과 같이 말했다. "생명은 피에 있다. 피는 정신의 중심이다. 그러므로 인간의 가장 중요한 일은 끊임없이 피를 만들어 내는 것이다.""[*]

피로

"피로와 파도와 피로와 파도와 / 물결과 물결과 물결과 물결과 / [...] / 피로와 파도와 피로와 파도와 / 물결과 물결과 물결과 물결과 / [...] / 피로와 파도와 피로와 파도와 / 물결과 물결과 물결과 물결과"[**] 이제니의 시 〈피로와 파도와〉에는 여섯 번의 '피로', 여섯 번의 '파도', 열 두번의 '물결'이 등장한다. 마치 밀물과 썰물을 반복하는 물결처럼, 물결이 이루는 파도의 리듬처럼, 이 시 속에서 피로는 지극히 반복될 것 같고, 마치 파도의

[*]   서원 널랜드, 《몸의 지혜》, 김학현 옮김, 사이언스북스, 2002, 357–365쪽.
[**]   이제니, 〈피로와 파도와〉, 《아마도 아프리카》, 창비, 2010, 106–107쪽.

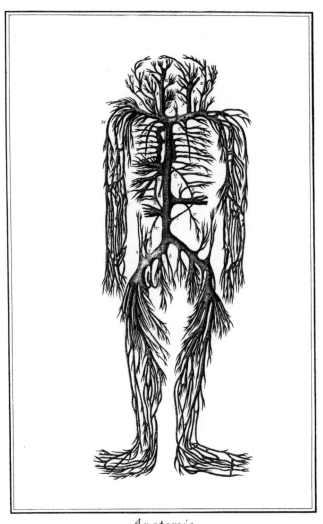

Anatomie.

피
드니 디드로(Denis Diderot)가 편집한 <백과전서> 도판집 제1권(1762년) 중 해부학 편에 묘사된
혈관. 피가 흐르는 통로인 핏줄이 인간 형상을 하고 있다.

움직임 그 자체처럼 끝나지 않을 것 같다. 하지만 누군가는 그것을 끝내야 하지 않을까? 그렇지 않으면, 피로가 누군가를 먼저 끝내 버리는 것이 아닐까? 문학평론가 조효원은 <피로의 종말론>에 다음과 같이 썼다. "누적된 피로는 언제 풀리는가? 그것은 피로를 '진짜로' 느낄 때이다. 아직은 괜찮다고 느낀다면, 여전히 피로에 붙잡혀 있는 것이다. 정말로 절실하게 피로를 느낄 때, 더 이상은 견딜 수 없다고 느낄 때, 그때가 되어야만 피로는 풀릴 수 있다." * 하지만 <피로와 파도와>의 피로는 "절실"해 보이려는 것 같지도 않고, 누군가 피로로 인해 "견딜 수 없다"고 말하는 것 같지도 않다. 이 시에서의 피로란 누적되지 않는 것처럼 보이기 때문이다. 다만 영원할 분수처럼, 0의 상태로 환원되고 있을 뿐이다. 내 몸과 무관한 듯 보이지만 몸처럼 흐르고 있는, 피로이자 파도이자 물결인, 멈추지 않을 어떤 것.

피부

체내에서 크기가 가장 큰 기관. 몸 전체를 뒤덮는다. 모근, 기름샘, 땀샘, 신경, 신경 수용체 등이 분포되어 있고 다양한 종류의 조직으로 이뤄져 있다. 심장이나 폐 못지않게 생존에 중요한 역할을 한다. "피부는 거친 외부 세계와 접촉을 차단하는 방어벽 이상의 기능을 한다. 피부는 그 표면에 떼 지어 몰려다니는 미생물의 공격을 막는 1차 방어선이다. 또한 소중한 체액이 과도하게 증발하지 않도록 막아 주며, 아주 민감한 탐지 장치들이 표면에 죽 늘어서서 위험을 감지해 알려 줌으로써 우리가 재빨리 반응하여 추가로 큰 해를 입지 않게 해 준다. 그리고 추울 때에는 몸을 따뜻하게, 더울 때에는 몸을 식히도록 도와주는 온도 조절 기능도 담당한다. [...] 피부에서 가장 놀라운 특징을 꼽는다면 거기에 촘촘히 늘어선 감각 기관일 것이다. 폭이 1mm에 불과한 점의 촉감까지 감지할 수 있는 피부 감각은 열과 추위뿐만 아니라 사랑하는 사람의 애무와 바늘 끝의 통증도 구별할 수 있다. 피부는 잔인한 외부 세계에 반응해 끊임없이 변하는 입력을 제공하며, 이것은 우리가

---

*   조효원, 《다음 책》, 문학과지성사, 2014, 186쪽.

하이힐
12*cm* 굽의 스틸레토 힐.

그 과정을 거의 알아채지 못할 만큼 기본적인 방식으로 우리의 행동에 영향을 미친다."[**]

하이힐
높은 굽의 신발. 굽의 길이가 2인치(약 5센티) 이상이면 하이힐로 분류한다. 성인 여성의 필수 아이템처럼 여겨지고, 정장을 입은 여성이 또각또각 소리를 내며 걸어가는 장면으로 쉽게 표상된다. 한국에서는 보통 대학생 때 처음 시도하는데, 자신의 패션 스타일과 맞느냐 혹은 신장에 따라 필요로 하느냐에 따라 애용하기도 하며 전혀 신지 않기도 한다. 신으면 다리가 길어 보이는 것은 물론 균형을 잡기 위해 가슴은 앞으로 엉덩이는 뒤로 가는 자세가 되기에 섹시한 이미지를 주는 아이템이기도 하다. 여러 종류의 하이힐 중에서도 특히 빨간 밑창이 보이는, 길고 뾰족한 굽을 가진 스틸레토 힐이 그렇다. 신었을 때 체감하는 고통으로 미루어 알 수 있듯 발과 척추 건강에는 좋지 않다. 그런데도

**   케빈 퐁, «생존의 한계», 이충호 옮김, 어크로스, 2014, 181–184쪽.

종종 격식 있는 신발이라는 명분으로 강요되며(칸 영화제는 여성에게 하이힐을 복장 규정으로 두고 플랫 슈즈를 금지한 적이 있는데, 이에 대한 항의로 배우들이 레드카펫에 맨발로 들어가기도 했다), 구직 시 혹은 근무 시 '단정한 용모'의 요소로 곧잘 요구된다. 동시에 많은 이들에게 포기할 수 없는 물건이기도 하다. 대중매체를 통해 우리는 하이힐을 사랑하는 여성들의 모습을 봐 왔다. 2000년대를 풍미했던 드라마 <섹스 앤 더 시티>의 주인공 캐리에게 마놀로 블라닉(Manolo Blahnik)과 지미 추(Jimmy Choo)는 특별한 날 자신감을 주는 아이템이고, 지친 자신에게 상으로 주고 싶은 물건이다. 하이힐에 애착을 갖고 수집하기로 유명한 가수 서인영이 새로 출시된 하이힐을 가리켜 '신상 아가'라 부르던 장면 또한 많은 이들의 기억에 남아 있다. 당시 이러한 내용을 주로 방영한 TV 채널 온스타일의 영향과 맞물려 온라인 구매 대행의 시대가 열리며 디자이너 브랜드의 하이힐을 '직구' 하는 것이 유행했으나, 2010년대 초 여성복 시장 트렌드에 운동화가 들어서면서 그 열풍이 곧 잠잠해졌다. [양민영]

항문

소화 기관의 가장 마지막 부분이자 곧창자에서 바깥으로 이어지는 출구를 말한다. 평소에는 오므려져 있고 배변 시 바깥 끝약근이 열리게 된다. 미국의 산부인과 의사인 아놀드 케겔(Arnold Kegel)의 이름을 딴 '케겔 운동'은 항문의 수축 운동을 관장하는 질 근육을 조였다 풀기를 반복하는 운동으로, 골반 및 회음부의 근육을 강화하고 요실금의 완화에 도움을 준다. 케겔 운동은 하고 있는 도중에 남에게 들킬 염려가 없어 언제 어디서나 남몰래 할 수 있는 조용한 운동이다. 한편 항문 근육은 성적 자극에 따라 율동적인 수축을 하는데, 극치감에 이를 때는 더욱 그렇다. 항문을 통한 삽입 섹스—항문 성교가 쾌감을 주는 이유이다.

행위예술

신체의 물성(物性) 자체를 이용하는 현대 예술의 한 장르. 퍼포먼스(performance)라고도 부른다. 특정 시기에는 문자 그대로 '발생한다'

행위예술

[상] 예술가 요제프 보이스(Joseph Beuys)의 퍼포먼스
<나는 미국을 좋아하고 미국은 나를 좋아한다(I Like America And America Likes Me)>, 뉴욕, 1974.
펠트로 온몸을 감싼 보이스는 살아 있는 야생 코요테와 3일 동안 한 공간에서 지냈다.
[하] 예술가 마리나 아브라모비치(Marina Abramovic)의 퍼포먼스 <아티스트가 여기 있다(The
Artist is Present)>, 뉴욕, 2010. 마리나와 관객이 책상을 사이에 두고 앉아 말없이
응시하는 퍼포먼스.

혹은 '일어난다'는 뜻의
해프닝(happening)이라는 말이
널리 쓰였다. 행위예술은 '신체
자체'라는 미디엄의 조건 때문에
실시간성, 즉흥성, 일회성 등의
특성을 지니며, 이를 그대로
촬영한 기록물과는 또 다른
위상을 가진다. 현대 예술로서의
행위예술은 다다이즘(dadaism)과
플럭서스(FLUXUS) 운동
등의 개념적 예술의 조류를
통과하면서 수많은 논란을
일으킴과 동시에 중심적인
장르로 발전하게 됐다.
행위예술가가 되고 싶은가?
바깥으로 나가서 무언가를 하라.
아무것이나 말해 보라. 절대로
바깥으로 나가지 말라. 입을
다물고, 숨도 쉬지 말아 보라.

호르몬

뇌하수체, 갑상선, 췌장 등
내분비선에서 생성되는 물질을
말한다. 내분비선에 저장되어
있다가 혈액으로 분비되어 표적
세포로 이동한다. 효소 활성도,
효소 합성 속도, 단백질에 영향을
줌으로써 여러 기관의 기능을
조절한다. "호르몬이여, 저를
아침처럼 환하게 밝혀 주세요.

분노가 치밀어 오릅니다. 태풍의
눈같이 표현하고 싶습니다. 저
자가 제게 사기를 쳤습니다.
저 자를 끝까지 쫓겠습니다. /
당신에게 젖줄을 대고 흘러온
저는 소양강 낙동강입니다.
노 없는 뱃사공입니다. 어느
곳에 닿아도 당신이 남자로서
부르면 저는 남자로서 / 당신이
여자로서 부르면 저는 여자로서
몰입하겠습니다. [...] 녹초가
되게 하세요. 호르몬이여,
당신의 부드러운 손길로
눈꺼풀을 내리시고 / 제 꿈을
휘저으세요. 당신의 영화관이
되겠습니다. 검은 스크린이 될
때까지 호르몬이여, 저 높은
파도로 표정과 풍경을 섞으세요.
전쟁같이 무의미에 도달하도록 /
신성한 호르몬의 샘에서 영원히
반짝이는 신호들."*

호신용품

외부의 위협으로부터 자신의
몸을 보호하기 위해 착용하는
물건. 대표적으로는 아주
가벼운 스테인리스로 만든
뾰족하고 날렵한 모양의
쿠보탄(kubotan)과 뿔처럼 생긴
반지를 네 손가락에 끼워서

---

* 　　김행숙, <호르몬그래피>, «이별의 능력», 문학과지성사, 2007, 32–33쪽.

사용하는 너클(knuckle)이 있다. 늦은 시간, 혼자 길을 걸을 때 이 작은 물건에 자신의 생명이 달렸다 여기고 손이 아플 정도로 꽉 쥐고 다니는 여성들도 있는 모양이지만 사실 이것들이 안전을 보장해 주는 건 아니다. 누군가 나를 해치기 위해 튀어나오는 타이밍을 정확히 예측할 수 있다면, 혹시 예측하지 못했다 하더라도 쿠보탄으로 정확하게 그의 급소를 공격할 수 있다면, (아마도 대개) 자신보다 덩치와 힘이 월등히 좋은 상대에게 너클 낀 주먹으로 치명타를 날릴 수 있다면 모를까 실질적인 쓸모는 거의 없다고 봐도 좋다. 그래도 어쨌든 지금 한국에 살고 있는 여성에게는 스마트폰처럼 늘 지니고 다녀야 할 필수품이다. 언제든 어디서든 누구에게든 이유 없이 죽을 수 있는 세상에서, 그렇게 무력하게 죽지는 않겠다는 다짐 같은 것이기 때문이다. 호신용품은 2016년 5월 17일 강남역 여성 살해 사건 이후 그 판매량이 급증했다. [황효진]

환각

환각은 아무런 자극이 없음에도 마치 어떠한 대상이 있는 것처럼 지각하는 증상을 말한다. 지각되는 감각에 따라 환시, 환청, 환후, 환미, 환촉, 체감환각 등으로 분류한다. 정신분열증에 수반하는 경우가 많다. 그 외 약물 중독증, 알코올 의존증, 편두통, 의식 저하 시에도 나타난다. 《환각과 우연을 넘어서》는 의사였던 스타니슬라프 그로프가 국제 초개인 협회(International Transpersonal Association) 창설자가 된 계기를 비롯해 자신의 세계관을 뒤바꿔 놓은 초현실적 사례들을 엮은 책이다. 과학이 아니라 환각이라는 틀로 본다면, 도움을 얻을 만한 부분이 있을지도 모른다. 다음은 그로프가 처음으로 향정신성 약물인 리서직 애시드 디에틸아마이드(LSD)를 복용했던 순간을 회상하는 대목이다. "LSD를 복용하고 45분 정도가 지나자 효과가 느껴지기 시작했다. 처음에는 약간의 불안감과 현기증, 구역질이 느껴졌다. 그런 다음 이런 증상이 사라지더니 기이하면서도 심오하여 도저히 믿어지지 않는 총천연색의 기하학적 영상들이 변화무쌍하게 이어졌다. 그중 어떤 것들은 중세 고딕식 성당

환각

LSD를 복용한 후 그린 얼굴 그림. 마약 복용 상태에서의 그림과 정신 분열증 환자의 그것 사이에는 상당한 유사점이 있다고 한다.

창문의 스테인드글라스와 비슷했고 또 어떤 것들은 회교 사원의 아라베스크 무늬를 닮아 있었다. 이런 영상들의 정교함을 설명하기 위해서는 샤라자드의 천일야화나 사람을 망연자실케 하는 알람브라 궁전, 도원경을 들먹일 수밖에 없었다. 그때 내게 연상되는 것은 이런 것들이었다. 지금 같으면 비선형 방정식을 컴퓨터 그래픽으로 표현한 것과 같은 프랙털 이미지가 그보다 좀 더 자유분방하게 움직이는 상황을 연상할 수도 있었을 것이다. [...] 신성한 벼락이 투석기처럼 내 마음을 내 몸 밖으로 쏘아 내보내는 것 같았다. 나는 지도 교수의 조교도 실험실도 정신의학 실습도 프라하도 지구도 까마득히 잊어버렸다. 내 의식은 믿을 수 없는 속도와 크기로 확대되어 우주 차원에 도달했다. 나와 우주 사이에는 경계도 차이도 없었다. [...] 나는 상상 불가능한 차원의 우주적 드라마 한가운데에 있는 나 자신을 보았다."*

흉터

손상된 피부의 외상, 즉 상처가 치유되면서 그 자리에 남은 흔적을 말한다. 해리 포터(Harry Potter) 시리즈의 주인공 해리 포터는 아마 세계에서 가장 유명한 흉터를 가진 인물 중 하나일 것이다. "해리가 자신의 외모에 대해 단 하나 마음에 들어 하는 건, 그의 이마에 나 있는 번개 모양의 가느다란 흉터뿐이었다. 그의 기억으로는 그 흉터가 아주 오래 전부터 있었고, 그가 페투니아 이모에게 했던 최초의 질문도 아마 흉터가 어떻게 생겼느냐 하는 것이었다. [...] 네가 어떻게 이마에 그런 흉터를 갖게 된 건지 전혀 궁금하지 않았니? 그건 평범한 흉터가 아냐. 그건 네게 강력하고 사악한 저주가 미쳤을 때 생겨난 흉터야. 네 엄마와 아빠뿐만 아니라 집까지도 날려 버렸던 그 저주 말야. 하지만 그게 네게는 듣지 않았어. 네가 유명해진 건 바로 그 때문이야."**

*   스타니슬라프 그로프, 《환각과 우연을 넘어서》, 유기천 옮김, 정신세계사, 2007, 28–30쪽.

**   조앤 K. 롤링, 《해리포터와 마법사의 돌 1》, 김혜원 옮김, 문학수첩, 2003, 36–37쪽.

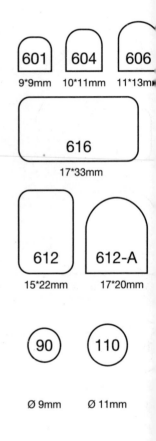

601 9*9mm

604 10*11mm

606 11*13mm

616 17*33mm

612 15*22mm

612-A 17*20mm

90 Ø 9mm

110 Ø 11mm

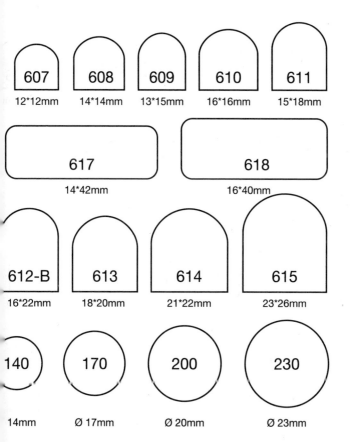

607
12*12mm

608
14*14mm

609
13*15mm

610
16*16mm

611
15*18mm

617
14*42mm

618
16*40mm

612-B
16*22mm

613
18*20mm

614
21*22mm

615
23*26mm

140
14mm

170
Ø 17mm

200
Ø 20mm

230
Ø 23mm

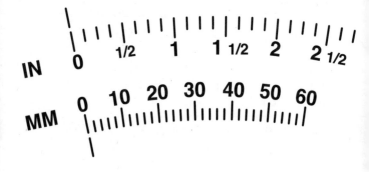

Body Book
— Dictionary of Body, Desire & Culture

Editing and writing by
Lee Marvin and Eli Park Sorensen.

Abject

The abject is a term coined by Julia Kristeva; it refers to something that disturbs the self, often by provoking a sense of disgust, fear, loathing or repulsion. The abject is what may be considered as the excess of a subject or an object, and which is part of either subject or object, yet at the same time not part of it. Shit, urine, snot, sweat and other body fluids would be concrete examples of the abject. They are part of us, as subjects, and yet something alien at the same time; we are simultaneously repulsed by and drawn to the abject — almost in a perverse sense. To Kristeva, the abject reminds us, unconsciously, of the moment of our separation from the womb, an event that was both painful, deeply traumatic, bloody, but also emancipating.

Ageing

"Does one grow wiser with age," Edward Said ponders in the book *On Late Style*; "and are there unique qualities of perception and form," he continues, "that artists acquire as a result of age in the late phase of their career?" Usually, Said argues, we think of late artistic works as the crowning achievements of a career; works that exude resolution, serenity, harmony. Old age is accompanied by an acute awareness that the late artistic work is at the same time the artist's final word; a finality that requires old scores to be settled, debts repaid or reclaimed. Beyond the late artistic work, there is nothing but silence. In Sophocles' late play *Oedipus at Colonus* (ca. 406 B.C.), we find the character Oedipus finally at peace with himself and his surroundings in his old age. Oedipus discovers the blessings of peace and forgiveness near the end of a life so harrowing and terrifying that we still consider it as the template of tragedy today. The image of an aged character attaining wisdom and maturity at the end of a tragic life is a perennial artistic theme — in novels, paintings, operas, and plays — from Sophocles to our times. Edward Said, however, is interested in an alternative artistic vision of old age — old age "not as harmony and resolution but as intransigence, difficulty, and unresolved contradiction." This is a vision of lateness — a late style, as Said calls it — that is unconcerned about creating, forming, shaping; a vision obsessed with the destructive gestures of breaking down, tearing apart, erasing. Imbued with such a vision, the artist destroys the organic totality of his or her art work in an attempt to release an anarchic, disharmonic, and negative energy that refuses to be reconciled with the continuity of reality —

Abject
A 9 year-old boy's face. 2012

Ageing
Oedipus at Colonus by Jean-Antoine-Théodore Giroust. 1788

its lateness. The awareness of the approaching — and very real — end prompts an intensified process of artistic self-reflection, but one that does not lead to aesthetic synthesis or transcendence. On the contrary, Said argues, it is a process that reveals the "too late": too late to re-establish and tie up the overall meaning, perhaps too late even to care. Late style, Said observes, articulates the artist's "mature subjectivity`, stripped of hubris and pomposity, unashamed either of its fallibility or of the modest assurance it has gained as a result of age and exile."

Alien

'Love thy neighbor as thyself'. But who is this Other we are supposed to love as ourselves? In Ridley Scott's 1979-film *Alien*, we find the ultimate figure of the neighbor (and, by implication, ourselves). As one of the characters observes, the alien is a perfect organism, perhaps life in its purest form, yet at the same time pure monstrosity — a life that is outlawed, but which also threatens the law that outlaws it: "a survivor without conscience, without guilt or a shadow of moral," as one of the characters observes. The alien is not only a physical other, but literally emerges from the self, that is, the body of the crew. It is an *immaterial* being, an intangible, formless threat, one that constantly changes shape (e.g. it grows from an embryo to a huge monster in very short time), adapts to its surroundings, becomes invisible, disappears in the darkness. At one point the alien almost looks human-like, walking on two legs; at other times, it resembles a fantasy creature from the world of Hieronymus Bosch. The monster seems neither to possess any particular motive nor personality; no intention, no drive — except to destroy and kill. The alien does not have a home of its own; it exists solely as a parasite, by taking someone else's territory, a form of life that exists only by invading our home. The alien is the absolute figure of otherness, impossible in every way; a life that cannot live, a death that cannot die. It is a figure of indifference (unreasonable, motivated by nothing, tempted only by the prospect of killing indiscriminately), without borders or limits, a continual transition between human and animal, nature and culture.

Anatomy

In January 1632, Dr. Nicolaes Tulp stands in a little dark and cold room, bent over a naked body lying on the table. He is about to dissect the body. Around him stand a number of distinguished men from The Guild of Surgeons.

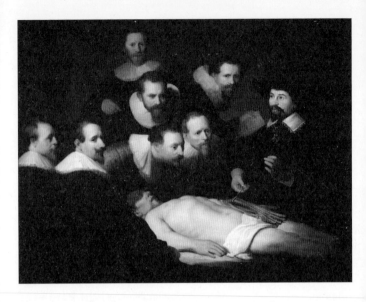

Anatomy
The Anatomy Lesson of Dr. Nicolaes Tulp by Rembrandt. 1632

Perhaps the English polymath Thomas Browne is present; even René Descartes (who around this time is speculating intensely on the relationship between body and soul) might have been present this January morning. The dead body belongs to a man named Aris Kindt. The Dutch painter Rembrandt Harmenszoon van Rijn, who is said to have been there as well, evidently felt sympathy for the dead man, and portrayed him in a painting (from the same year, perhaps painted right after the lecture) — as a radiant, almost holy body amidst black

ravens of men bent over the table, intensely but coldly studying the human flesh, as if it was nothing but an object. In the painting, there is a strange detail; the left hand — the one Dr. Nicolaes Tulp is investigating — has had the flesh torn off so we can see the bones. What is strange is that the hand anatomically turns the wrong way, so it looks grotesque, deformed. If it hadn't been for the fact that the painter was Rembrandt, one might have imagined that it was simply a mistake, an oversight. The German author W.G. Sebald, however, comments: "I believe that there was deliberate intent behind this flaw in the composition. That unshapely hand signifies the violence that has been done to Aris Kindt. It is with him, the victim, and not the Guild that gave Rembrandt his commission, that the painter identifies. His gaze alone is free of Cartesian rigidity." Rembrandt captures a bodily fragility that is reinforced in the encounter with the scientists in the black gowns. It is an encounter, one could say, whose iconic force has dominated the narrative of the anatomical gaze ever since.

Animal Humans

According to prehistoric sources, an intimate relationship originally existed between animals and humans. An example of this relationship was the hybrid, a mixture of an animal and a human. One might think of the Egyptian lion goddess Sechment, who had a lion's head and a human body, or the Greek centaur, whose anatomy consisted of the upper part of a human body and a lower body from a horse. The hybrid creatures were depicted on friezes, seals, reliefs, and sculptures, and described in myths and stories. Often, they were considered as the embodiments of divine forces, possessing the strongest passions, the sharpest senses, and prophetic intuitions. This was also reflected in language: to howl with the wolves, to drink like a fish, going to the dogs, cold turkey, crocodile tears, dark horse etc. Here, the boundary dividing

Animal Humans
Two Pot-bellied pigs *(Sus domesticus)* resting at the Lisbon zoo. 2008 *(Alvesgaspar / Wikipedia)*

animal and human is particularly fluid, and the comparisons refer not only to similarities in behavior, instinct, sense abilities and ways of moving — but also to traits of character (which, of course, are human projections). It is evident that some animals (or features of animals) are considered comparatively attractive, and others not (e.g. rats, dogs, sheep, snakes). Perhaps the least attractive hybrid animal is the pig; e.g. to eat like a pig, to behave like a pig, or when Jesus says "Do not give what is holy to the dogs; nor cast your pearls before swine, lest they trample them under their feet, and turn and tear you in pieces." Why the least attractive animal? Perhaps because the pig's anatomy — among all the mammals — is the one that comes closest to ours.

Anxiety of Influence

Previous epochs seemed to have no problems with acts of imitating and copying: styles, thoughts, identities, gestures. The anxiety of influence — and, in turn, to be original, unique, individual — is a distinctly modern phenomenon. To Harold Bloom, there are generally two kinds of readers: those readers who enjoy reading strong, original poems, perhaps feeling an exuberant sense of recognition ("this line is so true!"); and those readers who

feel extremely uncomfortable when they come across such a text. The latter kind of readers are the creative minds, the poets. The poet who reads a precursor's strong poem feels exposed, as if his or her inner being has been brutally exposed, laid bare and fixated by a stranger. The poet feels compelled to respond, to deny, to alter, in order to break out of the predecessor's iron grip. This is what Bloom calls *the anxiety of influence*. Perhaps the saddest scene in Ridley Scott's *Blade Runner* occurs when Rachael visits Deckard's melancholic apartment in an attempt to convince him that she is not a replicant. She has already taken the Voight-Kampff test, according to which she is a replicant; hence, she feels fixated, exposed, and she desperately needs to respond. But the encounter goes horribly wrong; as Rachael shows him photos, relates childhood memories — she realizes that Deckard already knows her most intimate stories. The poetry she produces — in a desperate attempt to demonstrate her human-ness — simply proves that she is a mass-reproduced mechanical being. The scene illustrates the absolute horror moment of poetic intimacy: the very moment we reveal ourselves, our uniqueness, as the moment we reveal our unoriginality to the world. The anxiety of influence is the anxiety of not being original enough; to be an anonymous number or model (e.g. Nexus 6), infinitely replaceable, repeatable; and, in a further sense, to realize that any other person could have taken your place, eaten your food, lived in your house, made love to your partner, raised your children.

Arm

The arm may symbolize prayer (e.g. *The Exorcist*), help (e.g. Tom Hanks in *Castaway*), power (Hitler's arm), justice (reaching, like an arm, into the dark world of injustice), and judgment (as in *Exodus*: "I will redeem you with a powerful arm and great acts of judgment"). In Buddhist iconography, gods are often portrayed with many arms, indicating their abilities and qualities, for example mercy and compassion. In the Sanjūsangen-dō temple in Kyoto, there are around 1000 Kannon statues, each with allegedly 'a thousand arms'. Several Hindu gods have four (or eight) arms, e.g. Shiva. In the Old Testament, the Lord's arm is a symbol of God's power: "And the Lord brought us forth out of Egypt … with a mighty hand and with an outstretched arm; by his almighty power." Legal discourse is often described as a body — with long arms. Thus, "the long arm of the law" refers to the influence of law,

an expression often used when law is either used too much or too little.

Art Bodies

The body has always been considered an object of decoration and ornamentation, ever since ancient times. More recently, the body has become the scene of more transgressive mise en scènes. Thus, Don Delillo describes in the book *The Body Artist* a series of aesthetic bodily spectacles: "There is the man who stands in an art gallery while a colleague fires bullets into his arm. This is art. There is the lavishly tattooed man who has himself fitted with a crown of thorns. This is art ... There is the woman who makes paintings with her vagina. This is art. There are the naked man and woman who charge into each other repeatedly at increasing speeds. This is art, sex and aggression. There is the man in women's bloody underwear who humps a mountain of hamburger meat. This is art, sex, aggression, cultural criticism and truth. There is the man who drives nails into his penis. This is just truth." The development of modern, western civilization was accompanied by an increasing repression of the body, its expressions, needs and desires. The body was disciplined, tamed and adapted to serve as a tool — for productivity, work, rational

Arm
Standing Thousand-armed Kannon. 8th century

plans. The repressive regime was articulated through education, upbringing, work, the disciplining of gender and the lust of the flesh, social behavior — in short: control. However, it happens that the body takes revenge over all these limitations and wounds inflicted by culture: people cultivating their body-liness, the 'building' of their bodies, the dancing bodies, the lavishly dressed bodies, the tattooed bodies, the perfumed bodies, the uncontrollable bodies. Or, as Nietzsche would say; to turn one's body into an artwork as the highest form of truth.

Asceticism

Kataragama is pilgrimage town in the southern part of Sri Lanka. Here, we find the sannyasin ascetics who for centuries have been searching for spiritual wisdom. A strange ritual phenomenon among the sannyasin is a religious experience that involves a sudden hair growth. To the sannyasins, this occurs when a god takes possession of their bodies. The number of hair locks apparently depends on which god in habits their body. Typically, the individuals in question experience painful emotional conflicts prior to their possession. This is accompanied by a strict ascetic mode of life — abstention from sexual activity that is replaced by an intense passion for agape, the love of god (which to the sannyasins involves a semi-erotic relationship). During the possession, the body undergoes an ecstatic, almost orgasiastic, experience; the body starts to shake, the head moves wildly, and the subject develops 'clairvoyant' visions. This strange experience is followed by passivity and relaxation as the god has now taken control over his or her body.

Authentic Bodies

The Latin word 'existentia' signifies something that comes into being. An art of becoming: being in itself (as opposed to be something specific, e.g. a tailor, insurance agent etc.). The existence is that which precedes essence, as Jean-Paul Sartre famously said. While things typically have opposites, human existence has none; the opposite of existence is simply nothingness. Human existence has no precedence, it must create itself through action. To Heidegger, human being is someone who acts being-in-the-world, i.e. in particular time and place; he or she is being-there (also called Dasein). In his book *Being and Time*, Heidegger describes authenticity as 'Eigentlichkeit', one's own-ness. What is one's own is the recognition of one's own possibilities. To confront one's own possibilities

Authentic Bodies
[Top]Portrait of an ascetic.1860s
[Bottom]Swami Vivekananda. 1885–1895

is also to confront anxiety; the anxiety of being the first to act. The inauthentic person is the one for whom this recognition of one's own possibilities is absent. He or she thus joins the anonymous group of 'das Man' (the 'they'); what one usually does, what they usually do. There is comfort in following the wisdom of the collective; but the price to be paid is the loss of one's individuality. What one or they or others usually do is something that determines what the inauthentic person chooses to do. It is the assumption that my experiences by and large overlap with those of others; but it is an assumption based on the illusory idea of a common standard experience. To Heidegger, it is illusory precisely because each person inevitably is uniquely his or her own, with his or her own individual experiences. The language of das Man, inauthentic language, is thus general, inexact, and ultimately empty. In this empty language, we experience a flattened, habitual world, devoid of its unique nuances. A more popular version of Heidegger's concept of authenticity is the red pill in *The Matrix*, which upon consumption shows how the world is an illusory place. It is fair to assume that Heidegger himself would have been horrified by this popularization of his concept of 'Eigentlichkeit'.

Autism

When autism was — independently — discovered by Leo Kanner and Hans Asperger in the early 1940s, it was diagnosed as a severe mental handicap. Working during the Nazi regime, Asperger focused primarily on extremely gifted children (who were also extremely rare), while Leo Kanner looked at the causes leading to autism (biology and upbringing). The strong interest in gifted children, and the pathologization of autism set the course over the next many decades for the understanding and treatment of the phenomenon. More recently, a growing number of so-called Neurodiversity activists have tried to change this. The term 'Neurodiversity' originated in the late 1990s to describe a cognitive field that in was diverse rather than singularly normative; people have different and complex brains rather than simply one, normal brain model. This is also the theme of Steven Silberman's Bestseller *Neuro Tribes: The Legacy of Autism and the Future* (2015), in which he argues that autism is an expression of personal identity, not a malfunction in the brain. Silberman was the author of the 2001-article "The Geek Syndrome" that argued for a new understanding of the links between autism and so-called geeks and nerds. To the Neurodiversity activists, autism — along with

Autism
Kim Peek. 2007 (*Dmadeo / Wikimedia*)

other, similar, phenomena like Asperger Syndrome and ADHD — should be seen as different cognitive expressions rather than mental dysfunctions or pathologies; hence, the focus should not solely be on treatment or cure, according to Silberman and others, but also adaptation and acceptance.

Automaton

In the essay *On the Psychology of the Uncanny*, the German psychiatrist Ernst Jentsch suggested that feelings of anxiety often emerge in cases where we have difficulties discerning whether an entity is an automaton or possesses a human consciousness: "the life-size machines that perform complicated tasks, blow trumpets, dance and so forth, very easily give one a feeling of unease." Jentsch refers to the German writer E.T.A. Hoffmann whose tale *The Sandman* is a particularly apt case of uncanny literature. Hoffmann's story is about a young man, Nathaniel, who falls hopelessly in love with a strange woman named Olimpia. Her strangeness attracts him; he becomes obsessed with her coldness, distance, taciturnity — and above all the fact that she seems infatuated with his poetry, exclaiming "Ah, ah!" while he reads aloud. As Jentsch writes, "the effect of the uncanny can easily be achieved when one undertakes to reinterpret some kind of lifeless thing as part of an organic creature." When Nathaniel eventually

Automaton
Repliee Q2. 2005 (*BradBeattie / Wikimedia*)

discovers that Olimpia is in fact a mechanical doll, he becomes insane and eventually ends up committing suicide. With the array of advanced robotic technology available nowadays, and in the near future, the ambiguity that troubled Jentsch would seem to have become infinitely more acute, intense. The contemporary unease some people feel about automatons perhaps relates to complexes about the future; the sentiment that at some point in the future the great enigma of our inner beings will finally be revealed, the arcane human soul dissected, the inscrutable mind uncovered; that the human mind may be nothing else than lights and clockwork.

Barbie

Barbara Millicent Roberts, a.k.a. Barbie, is an icon in the world of toys. Over one billion dolls have been sold ever since the first Barbie appeared on the market in 1959. At that time, she appeared in a tight zebra swim suit, had an unrealistically thin waist, eyes sharply marked by dark eyeliner, red lips and soft curls — in other words, a glossy image taken from a fashion magazine. Over the following decades, Barbie changed looks as many times as fashion changed — often reflecting the politically correct opinions of the time as well. Thus, she played the devoted and submissive housewife during the first few years, but gradually acquired a more independent, creative identity. Not that we would know this from the doll itself, however; we learned the background story of Barbie in a series of novels published by Random House that began to emerge in the early 1960s. Thus, Barbie grew up in the fictional town of Willows, Wisconsin, has a romantic relationship with Ken Carson (although in 2004, it was announced that Barbie and Ken had decided to split up; they're apparently back together again). In 1966, 'colored Francie' — the first black Barbie — was introduced; it looked, however, like white Barbie, only with a dark complexion. The same thing could be said about the other attempts to create politically correct bodies: grandmother Barbie (same Barbie, but with grey hair), wheelchair Barbie (same Barbie, but sitting down). Underneath the cosmetic differences, Barbie remained the same. Perhaps due to drop in sales, Mattel Toy Company launched a new series in 2015 with more realistic-looking dolls: tall, petite, curvy, chubby, and in seven different skin colors. Yet for all the changes, Barbie today still remains as devoid of personality as the first doll in 1959.

Barbie
[Top] "The more things change the more they stay the same."
Magic Moves Barbie. 1995 (*Sebastyne / Deviantart*)
[Bottom] "Let no difference divide us." Barbie Journal. 1992 (*vaniljapulla / Flickr*)

Bare Life

Bare life, or *nuda vita*, is according to Giorgio Agamben the life that has been 'exempted' from legal discourse. The Ancient Greeks had two words for life: *bios* (the form of life or the way a life is lived) and *zoe* (the biological fact of life). Agamben's argument is that the loss of this distinction in modern languages is symptomatic of a general political tendency to understand life simply as a biological fact (rather than a concept which also involves a guarantee about the quality of lived life). Bare life thus refers to a notion of life according to which the biological fact of life is prioritized over the notion of life as *bios*, the potentials of life. An example here would be Scotland Yard's proposal (together with Institute for Public Policy Research in Britain) in 2008 to classify the DNA of all five-year old children in a database, which apparently would help to identify criminal tendencies in the future (hence reminiscent of the film *Minority Report*). It was a proposal based on the assumption that life is simply a biological fact, while ignoring the form of life (the circumstances, contexts, prospects, actualities), life's potential.

Beard

It is difficult to imagine an old testament Patriarch or perhaps any authoritative, religious person — without a huge beard. Long hair and a mature beard are often characteristics of prophetic figures in pictures; thus, Jesus is often portrayed with a beard and long hair (the same goes for Moses and Abraham). Muhammed probably also had a beard, given the fact that we have the saying "to swear by the prophet's beard." Orthodox religious groups often prefer beard, i.e. Jews, Muslims, and Amish. In the 1957-book *Mythologies*, Roland Barthes describes Abbé Pierre's beards as a particularly holy emblem that connects him with his profession, symbolizing the ideal of poverty, renunciation, sovereignty and kindness. Since at least the late 1960s, the symbolism of the beard has taken on a number of other connotations, e.g. political revolution (Castro and Che), cultural rebellion (e.g. *Beatles*), or social rebellion (*Hell's Angels* and *Bandidos*). Overall, the beard is a symbol of masculinity – as reflected in the expression " beard the lion," an idiom that stems from the Biblical story of the shepherd David who ran after a lion that had stolen a lamb, grabbed it by its beard and killed it.

Believing Bodies

A social transformation rarely

Beard
"Free shave, anyone?" Che Guevara & Fidel Castro. 1961

occurs without a certain 'leap of faith' among its adherents. To believe in a project worthy enough to be called revolutionary is to believe in something that necessarily must stretch the imagination, sometimes even exceed its limits. Here, Blaise Pascal offers a recipe for the utopianist; "You want to find faith and you do not know the road … learn from those who were once bound like you and who now wager all they have … follow the way by which they began. They behaved just as if they did believe, taking holy water, having masses said, and so on. That will make you believe quite naturally." Although the road ahead might seem impossible, it is nonetheless according to Pascal crucial to *act as if* and *pretend* that one believes in it — after which real belief will come naturally. For example, one might think of a given revolution — e.g. 1789, 1848, or 1917 — releasing an enormous sense of hope as soon as things had begun to escalate. That is, once people realized that the impossible was in fact possible, they too started to believe — at which point, of course, things *did indeed become possible*. On his death bed, Pascal's last words — amidst extreme bodily pain — were allegedly: "May God never abandon me."

Birth

In the satirical novel *Tristram Shandy* (published 1759-67), Laurence Sterne tells the story of Tristram Shandy, a gentleman who sets out to narrate "the history of myself." This, however, turns out to be a complex task. Although the novel starts with a scene during which a woman is about to give birth to Tristram, our hero is actually not born until many pages later, about halfway through the novel. For Tristram realizes that before he can narrate his own birth, he must recount the circumstances leading up to this event. Somewhat later, however, he realizes that these circumstances have a pre-history as well. And so on. Tristram's writing regresses further and further as he continuously discovers details, anecdotes, and events that in increasingly peripheral and peculiar ways relate to his life. In attempting to narrate his life story as thoroughly as possible, Tristram stumbles into a multitude of other stories, which he feels compelled to recount before he can tell his own. Even after he is born, Tristram remains a marginal character in the novel — sidelined, as it were, by the stories of his father, his mother, his uncle and a host of other characters.

Blindness

Prophetic people are often described as blind or half-blind.

Blindness
[Top]The Dream of Ossian by Jean Auguste Dominique Ingres. 1813
[Bottom]Morning on the Seine by Claude Monet. 1898

The Greek poet Homer, the Greek sage Teiresias (who was blinded by the gods as punishment), and the Gaelic poet Ossian are prototypes of blind visionaries, who — perhaps because of their blindness — allegedly saw inwards all the more clearly; a burning inner light that allowed them to see worlds inaccessible to others. In Nordic mythology, Odin sacrifices one of his eyes in return for wisdom. Both the Roman goddess Fortuna and Miss Justitia, the goddess of Justice, are portrayed blind-folded, underlining their abil- ity to make the correct judgment regarding the circumstances. To encounter the divine may, on the other hand, lead to (momentary) blindness. Thus, when Paulus converts in Damascus, he sees a heavenly light and becomes blind (although three days later he can see again). It would, of course, be a strange religion that converted people by blinding them. Hence, Jesus heals blind people on several occasions in the New Testament, while the Jewish synagogue, on the other hand, is often portrayed allegorically as a blind-folded woman. In Hinduism, Maya is the force that blinds people to the extent that they fail to realize that the reality they inhabit is only an illusion. Maya's veil must be removed so people can see the truth clearly. In fairytales, blindness typically means infatuation, or even delusion, e.g. in Grimm's story about Rapunzel or Andersen's *The Snow Queen*. Blindness is thus transitional phase towards greater insight, recognition. Or the opposite: when Claude Monet gradually lost his sight, his images of water lilies became more blurred, hazy or misty, and the ageing, half-blind Sartre continued his writing activity by capturing almost incomprehensible speech on tape recorders.

Bored Bodies

According to Fredric Jameson, boredom "marks the spot where something painful is buried, it invites us to reawaken all the anguished hesitation." It signals the absence of fascination, interest, a feeling of emptiness. Boredom, in its negative version, is a modern phenomenon. Modern life is constantly threatened by boredom on Sundays, Walter Benjamin observes, since the automatic rhythm of the city that pushes existence forward comes to a sudden halt. But there is also the boredom of the repetitive everyday life of the worker chained to the machine, which is almost as bad as the *ennui* of the unemployed. Whereas weekend leisure creates the illusion of fun and diversity (i.e. the opposite of the repetitive work in the factory during the

Bored Bodies
"When am I ever going to grow up?" Boy laying on couch.

week), it actually intensifies the experience of boredom. Leisure is not an autonomous category, but a symptom of a negative experience of boredom — as unproductivity, depravity, decadence. Opposed to these forms of boredom, Benjamin enigmatically talks about the 'dream bird' of experience in pre-capitalist society. It refers to a forgotten dimension of boredom, a kind of positive emptiness, an experience of radical openness — as we occasionally see when children play alone, without parental supervision; the idle, curious, purposeless activity of loitering around, waiting for something to happen, and, while waiting, discovering a different trace that takes the child to an unknown destination.

Bulimia

Bulimia Nervosa is an eating disorder that typically involves people eating vast amounts of food after which they try to get rid of it, either by vomiting or by taking laxatives. It is often seen as a mental disorder of some kind, e.g. depression or extreme self-hatred. Bulimia thus refers to an unbalanced body, and it is a condition that the author Susan Bordo uses as a metaphor to describe western society as a whole. In western society, we try at one and the same time to discipline and maximize the potential of our bodies, and enjoy, consume and spend as much as possible. It is

Bulimia
Diana, Princess of Wales at the International Leonardo Prize. 1995

frowned upon to enjoy too much (e.g. alcohol, sex, tobacco, holiday), but it is also frowned upon if you can't show that you've had a terrific weekend or holiday. It is difficult to find the right balance: we constantly feel guilty either because we enjoy too much, or because we enjoy too little. In particular, we feel guilty during the great transitional periods of our lives — when we have to discover a new balance in life: the teenage years, the new adult life, the midlife-crisis, retirement. At every turn of life, we need to restore the balance of enjoyment and discipline.

Cannibalism

Most factual stories of cannibals relate to an early stage in human being's history of survival. A human being weighing 55 kilos provides ca. 32 kilos edible meat, which allegedly would enable a person to survive for approximately two months. Most recent stories of cannibalism involve people trapped somewhere without food. For example, the famous flight crash in the Andes mountains in 1972, during which members of a rugby team survived by eating their dead team mates. Something similar happened to the Donner group in Sierra Nevada in 1846-7, also known as 'The Donner Party'. In 1874, the American gold digger

Alfred Packer and others were caught by the snow in the San Juan mountains, and became the sole survivor after having eaten his fellow travelers, who happened to be democrats. Afterwards, the story goes that the judge sentenced Packer to death by hanging — with the following words: "Stand up yah voracious man-eatin' sonofabitch and re- ceive yir sentence. When yah came to Hinsdale County, there was siven Dimmycrats. But you, yah et five of 'em, goddam yah. I sintince yah t' be hanged by th' neck ontil yer dead, dead, dead, as a warnin' ag'in reducin' th' Dimmycrats populayshun of this county. Packer, you Republican cannibal, I would sintince ya ta hell but the statutes forbid it" [sic]. However, Packer got away with twenty years of prison. When he came out, many years later, he published his memoirs from the San Juan mountains, and signed books with food recipes. It should also be mentioned that Packer died as peaceful vegetarian — either because his cannibal experience had given him an aversion for meat in general, or simply because he felt animal meat wasn't as tasty as human flesh.

Carnivalesque Bodies

In the medieval age, carnival was a celebratory event, during which the lower class — the oppressed and

Cannibalism
A Colorado Tragedy by John A. Randolph. 1847

poor — was able to behave and express itself in transgressive ways otherwise not permitted. The idea of carnival originally referred to a community of absolute freedom and happiness across the social boundaries. It represented an almost orgasiastic celebration of liberation, a tribute to the body in all its imperfections and delirious forms, its desire and physicality, for example laughter. About the latter, Mikhail Bakhtin writes: "it liberates from the fear that developed in man during thousands of years; fear of the sacred, of prohibitions, of the past, of power." Aspects repressed in everyday life came to the surface during the carnival as a utopian, emancipatory force representing new and alternative ways of living; conventions were broken, norms and limits transgressed, authorities parodied, while the people succumbed to orgies of indecency. However, to the ruling class the event of carnival offered a convenient opportunity to neutralize or defuse revolutionary tendencies by giving people a few days of relief from the tensions and injustices experiences in their daily lives; the brutality, the fear, the poverty of the medieval world. In today's capitalist societies, the carnivalesque has taken on an almost routine function; the ritualistic drinking parties at the end of a hard week, during which the boss is ridiculed — only to reappear as a fearful authority Monday morning at work. In a genuine

Carnivalesque Bodies
[Top]The Flatterers by Pieter Brueghel the Younger. 1592
[Bottom]College football game. 2011 (*Andrew Horne / Wikimedia*)

revolutionary transformation, the king is not mocked but beheaded.

Clothes

Clothes, along with jewelry, paint, tattoos and perfume, are part of the symbolic codes through which the body expresses itself. In some cases, clothes are used to cover the body (e.g. to keep warm), or cover certain parts of the body (e.g. to hide tattoos, private parts), or to accentuate, support or embellish body parts. It may also be used to send certain masculine or feminine signals. Far from being neutral, clothes always tell something about the person — for example taste, status, class, culture, age and gender roles. The dress code is to some extent determined by practical aspects, e.g. climate. A few years ago, a German magazine dressed homeless people like rich and success-fulindividuals, and the latter as homeless people, after which it was incredibly difficult to see who was actually poor or rich. It would be possible to argue that the first time a humanbeing used clothes to cover the body, the concept of 'culture' came into existence.

Commemorating Bodies

The philosopher George Santayana famously observes that "Those who cannot remember the past are condemned to repeat it." It is a truism which, a best, represents a sort of commonsensical approach to the troublesome issue of history — and our relation to it. Recent studies of memory have made this relation further complicated. Discoveries in psychology, cognitive science, new methodologies in archival research and so forth have made memory one of the dominant preoccupations in historical scholarship. Moreover, previously ignored sources, such as oral testimonies, have received renewed attention; and a whole counter-culture has emerged giving voice to the history of the "generations of the downtrodden," as Walter Benjamin ominously puts it. It is a counter-cultural memory that is less uniform, isolated or one-directional, but rather constitutes a complicated and internally conflicting amalgam of active and passive dynamics that are never wholly static or neutral. On a collective level, the notion of community crucially involves a process of remembrance, as Benedict Anderson observes in his book *Imagined Communities*; what makes individuals *feel* as if they belong to a community is essentially an imaginary relation to a collective memory, e.g. the memory of a nation's past. This imaginary relation — at once individual and collective — is, however, anything but straightforward; quite often, it is one that involves ideological distortion, oblivion, erasure, repression and obliteration. A true counter-cultural memory would thus be a masochistic celebration of the figures and events of which a given community would be least proud; the sinners, imposters, cheaters, deceivers, manipulators, hypocrites, tricksters, charlatans, rascals, swindlers, rogues, pretenders, con artists, bluffs, masqueraders. Perhaps this is the only true way of avoiding the repetition of history.

Confession

In Vermont, 1819, two brothers were accused of murdering their neighbor, who had mysteriously disappeared. During the trial, the neighbor suddenly showed up, alive and well. Strangely, however, the two brothers had already confessed the murder. The notion of confession has always been considered as a central piece of evidence in the law. What is the source of a true story? The mouth of the accused person; only from this person's lips may we know what really happened. The problem is, however, to discern true confessions from false ones. Besides — is it ever possible to imagine a situation in which one would be able to tell one's story in a free and reliable way? Perhaps, but typically not in those situations in which there is a genuine need for the confession: e.g. when one is under suspicion, or is required to defend oneself against accusations. According to police manuals, there are certain necessary procedures regarding the production of truthful confessions: the person must be isolated, the interrogator may pretend he or she already knows the truth, there's the classic good cop/bad cop dynamic, the person must increasingly feel dependent on the interrogator, the interrogator may refer to fictive or non-existent witnesses. In other words: a drama of humiliation, deception and coercion. All of which leads to the question: whose story is it? The confession is supposed to come from the inner sanctum of selfhood, an *authentic* and *unique* story that only he or she can tell; yet it is on the other hand a story that is not his/hers, but rather a story that only has value insofar as it may be confirmed by others, e.g. witnesses, the authorities. The story of the two brothers confessing a murder they evidently did not commit underlines the discrepancy between the act of confessing and the reliability of what is confessed. The interrogators wanted them to accept a certain narrative (as their own), and in the end they yielded to the pressure — and *made* the story their own; much in the same way as

Clothes
[Right Top]Wedding dress. 1929 (*Mark Humphrys / Wikimedia*)
[Right Bottom]Brownie Guide Pathfinder Ranger Uniforms Canada. circa 1980
(*Girl Guides of Canada / Flickr*)
[Left]National Airways Corporation Uniform (*Archives New Zealand / Wikimedia*). 1959

Commemorating Bodies
The Murder of Caesar by Karl von Piloty. 1865

Confession
Confession by Giuseppe Crespi. 1712

we make other stories our own, the stories others create for us, how we are supposed to be or act in the eyes of others. This is the temptation of confession: not merely to tell the truth, what really happened, but to be the one the others want you to be.

Cyborg

"We are all cyborgs," says the feminist cultural critic Donna Haraway. A cyborg is a cybernetic organism, a hybrid of metal and organic material, a postmodern robot. According to Haraway, cyborgs inhabit not only terrifying future universes, as the ones conjured up in *Blade Runner* and *Terminator*: they are already among us, or rather — they are already in us. The cyborg is a modern body ideal that strives beyond the natural or nature-given

boundaries of the human body. It seeks to modify limits, curves, functionalities — through surgery, transplantation, enhancements, and other methods. The human body gradually becomes a machine, an altered being, but one which may correspond closer to the subject's self-perception than its nature-given corpus. The cyborg technology is in this sense an attempt to improve nature, make nature better. Or it might be based on the idea that nature as such never existed in a pure, original, edenic condition in the first place; it was always tainted, always-already in the process of being something else. One can never return: one can only alter. But at the same time, the cyborg as a body ideal may indeed express a desire to return to nature, hidden underneath the layers of cultural modifications stretching all the way

Cyborg
Blade Runner, Oscar Pistorius. 2012 (*Will Clayton / Flickr*)

back to the first beings climbing down from the trees. This perhaps explains why we have a wide variety of artificially produced consumer products — from cosmetics, clothes, food etc. — that somehow offer promises of returning to nature, e.g. natural look, natural feel, natural mind, the paradoxical message being: if you just let nature run its course (e.g. do nothing about your natural wrinkles), you'll inevitably become unnatural.

Death Drive

Sigmund Freud's theory of the death drive is often misunderstood as something involving suicidal tendencies or self-destruction as a goal in itself. In fact, it refers to something almost the exact opposite. Freud was never entirely comfortable with his idea — he knew that he was engaging in a wild speculation for which there would be little empirical evidence. As Freud describes it, the death drive is a longing for the inorganic (life being the organic stage). It is a dynamic of the asymmetric, the disorderly. The death drive is basically a force that distorts the balance of life; or, to put it differently, what were supposed to be the main evolutionary instincts (survival and reproduction) have become secondary to another principle, which is precisely not a

suicidal attempt to destroy oneself, but rather the intensification of being — to be alive in an absolute sense. Death drive is the urge to live as much as possible, to live too much (drinking, eating, enjoying excessively) — too much life, beyond reason or sense; what kills you is precisely this intensity of life, like a shooting star burning brightly, but briefly.

Discipline

In *Discipline and Punish*, Michel Foucault describes the emergence of a new way of controlling the body, one that operates in correlation with new fields of knowledge, such as medicine, psychology, pedagogy and criminology. Disciplinary power strives towards the normalization of the body. An enormous accumula- tion of knowledge articulate what is meant by the normative body ideal: descriptions, expertise knowledge, observations, comments, evaluations, archives, databases. But this knowledge does not create uniform subjects, it does not produce *conformity* — quite the contrary; it produces *individuality*. Only in a normalized society may we discern the differences, the idiosyncracies, the excentricities, and deviations of bodies. Normalization leads to individualism; like an exam, which

Death Drive
[Top] "We are all going to die." Motorcycle racing. 2006 (*Kev / Wikipedia*)
[Bottom] "Eat to your heart's content." Crawfish eating championship. 2013 (*Derek Bridges / Flickr*)

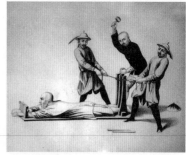

Discipline
[Left]A suffragette arrested in London. 1914
[Right]Execution by firing squad in Mexico. 1916
[Bottom]"A man who forgot to pay his taxes." Chinese punishment rack. 1801

categorizes students' academic qualifications (rather than turning them into identical beings), albeit according to a fixed hierarchical standard.

Dismembered Bodies

In the essay *The Storyteller*, Walter Benjamin observes that at the end of the First World War, "men returned from the battlefield grown silent — not richer, but poorer in communicable experience." No previous war had ever reduced the individual soldier to such insignificance and anonymity. Unfolding a barrage of new technological weaponry — including machine guns, vehicles, tanks, airplanes, and clouds of lethal, chemical gasses — the First World War marked the beginning of a new kind of warfare whose destructive force seemed to take everyone by surprise. The battle of the Somme alone claimed the lives of over one million soldiers, many of whom fell on the first day. When the battle ended, after approximately five months of meaningless slaughtering, the French-British front line had advanced six miles. The First World War was, in other words, a war fought with new technology employed by people who hardly grasped its devastating consequences; bodies still inhabiting the 19th century.

To Benjamin, the First World War marks the end of the art of storytelling, the ability to exchange experiences. This was a "generation that had gone to school on a horse-drawn streetcar," Benjamin reflects, and "now stood under the open sky in a countryside in which nothing remained unchanged but the clouds, and beneath these clouds, in a field of force of destructive torrents and explosions, was the tiny, fragile human body."

Dreadlocks

A large number of people took offence when the Canadian popstar Justin Bieber recently decided to try out dreadlocks. After being mocked and vilified, Bieber eventually cut them off. The controversy in particular centered around the opinion that Bieber, as a privileged white male celebrity, appropriated something associated with black sub-culture; he took something he had no right to appropriate, decontextualizing what was originally a political statement of social protest, while turning it into an empty celebrity gesture — perhaps something comparable to the blackface tradition. While it is true that occasionally cultural appropriation may involve a felicitous mutual exchange, it would be more correct to say that history is one long series of cultural thefts.

Dismembered Bodies
[Left Top]Vickers machine gun crew with gas masks. 1916
[Left Bottom]Battle of the Somme. 1916
[Right]World War 1 radiographer wearing protective clothing and headpiece. 1918
(*Wellcome Images / Wikimedia*)

Dreadlocks
Washington Redskins logo. 2015 (*Keith Allison / Flickr*)

Bieber was hardly the first to have his fingers slapped — other recent examples would include Beyonce dressed like a Hindu, or American football clubs being harassed for using Native American outfit. Whereas white culture in many ways is inaccessible to many non-whites, this is generally not the case for subjects belonging to white culture, who seem to be able to penetrate non-white discourses whenever they like. While millions of non-white refugees these days desperately try to gain access to white culture, often in vain, it has become a hobby among the populations of the northern hemisphere to appropriate the exotic looks of the other at will (and ignore the bodies in the boats, outside the fences, in the camps).

Entitled Bodies

In William Blackstone's authoritative treatise on English common law, *Commentaries on the Laws of England* (1765-1769), the notion of 'title' refers to "the legal ground of ... just possession of ... property ... [but] no title is completely good, unless the right of possession be joined with the right of property." Crucial here are the divisions between A) actual possession of property, and B) the right of possession, and C) the right of property. For example, one may own or possess something, a property for example, which would be A); and if one has acquired this property legally, one also has the right of possession, that is, B); but in the case one has funded the acquisition of this possession via a third party, this third party would hold the right of property, i.e. C). And a proper title, according to Blackstone, is one in which all three are translated into a *unity*, which thus forms the basis of a *transcendent identity*. Within the context of 18th century English common law, a proper title meant authority; the entitlement to rightfully translate place into one's possession, one's property. To the dispossessed, the title-less, those who dwell under the roof of someone else's house — the notion of place understood as *home* is at the same time someone else's dream. The unity of place, title, and identity became an important tool by which Europeans, in direct and indirect ways, would understand and legitimize their overseas colonial appropriations; the methods of annexing, occupying, colonizing, stealing and robbing someone else's land.

Exploitation

Santiago Sierra's provocative art often involves poor or marginalized subjects (e.g. immigrants, prostitutes, drug addicts, homeless) carrying out some kind of humiliating act. Apparently —

Entitled Bodies
Refugees in Budapest. 2015 (*Rebecca Harms / Wikimedia*)

according to himself and to critics — Sierra's work thus elucidates the demeaning nature of capitalism; the destruction of the dispossessed, the systematic disintegration of the insignificant body. In other words, an explicit anti-capitalist art. Underneath all that (that is, stuff we read on the front page of *The Guardian* every day), however, the rage and horror we feel as we encounter Sierra's works might have less to do with their alleged immorality and obscenity; what is truly provocative about his art is that it is entirely devoid of genuine political critique. When confronted with his exploited bodies, we as spectators are not even allowed to believe in the art work's commitment to a political cause. It is precisely because the 'immoral' circumstances — through which Sierra stages his art — never entirely redeems this staging; e.g. paying drug addicts a shot of heroin to make an ugly tattoo on their bodies. The balance is all wrong in his works; and, precisely for this reason, it is difficult to distinguish his work from other forms of exploitation outside the discourse of art; an artist showing exploitation by exploiting marginalized subjects, while at the same time — as a modern artist — making a living in capitalist society. His simplistic Marxist slogans merely confirm

this; that his art works rather seem to mock politically committed art. It is ultimately this cynicism — this wild display of irresponsibility, this mockery of political art — that makes the spectator truly enraged. His art tells us something about the state of art and art's possibilities today, and also something about ourselves and our expectations; that we get the art and artists we deserve.

Extreme Bodies

One of the more disturbing tendencies in youth culture in recent years is the pursuit of extremes — often with the body at the centre. Examples include anorexia, cutting, and extreme sports and sexual activities. According to research, fifteen percent among teenagers have at some point engaged in intentionally self-destructive forms of behavior. Often, these young people are pathologized (e.g. diagnosed as depressive, schizophrenic, bipolar, or suffering from borderline personality disorder), or perceived as victims of social effects (including poverty, harrassment, bullying, rejection, lack of confidence etc.). Concurrent with these tendencies, we find teenage genres emerging that often stage similar explorations of the extreme, the transgressive, and the deviating, e.g. the popular *Twilight* franchise. The vampire and the

Extreme Bodies
Werewolf from Dark Shadows, TV drama. 1969

werewolf offer positive, sympathetic and sensitive alternatives of the youthful body (i.e. different from pathologizing or social narratives). The BBC documentary *American Vampires* looks at America's subculture of vampires — not simply roleplaying vampires but real life-style vampires drinking blood. A News report from 2010 documented the emergence of socalled Teen Werewolves in American high schools; groups of young people dressed like and identifying with werewolves. These new body ideals reveal a fascination with the transgressive body, the possibility of identity dissolution, often involving going to absolute extremes; they offer new and alternative communities for people about to find themselves, who they are, their identity.

Eye

Symbolically, the eye is connected to light and visual power — also in a spiritual sense. The saying "the eye is the mirror of the soul" underlines the centrality of this

Eye
U.S. one dollar bill. 2009

organ; as the alleged entrance to our innermost being. Since the Baroque period, the eye in a triangle has symbolized the omnipresence of the Trinity. The sun is often called "the eye of the sky," while the stars are often referred to as "sparkling eyes." Clairvoyance is a spiritual way of seeing, often in the form of supernatural visions. To be blind, followed by vision, is often a symbol of insight gained, for example religious transformation. "Falcon eye" is a Native American character, who is able to see preternaturally well; but a falcon eye is also a symbol for the Egyptian sky god Horus (sometimes it's called a Horus eye). In Greek mythology, the never-sleeping giant Argos is said to have a hundred eyes (also called Argos eyes), while in Buddhism the many-eyed peacock is a symbol of Amitabha. The eye was the organ Odin,

the chief among gods in Nordic mythology, gave to Mimer in return for knowledge; the eye lies at the bottom of Mimer's well. Although Odin often wanders the world in disguise, his lacking eye makes him instantly recognizable; the one eye he has left symbolizes the world's total knowledge, in contrast to the cyclops in Greek mythology whose one eye symbolizes blindness or stupidity. A Grimm fairytale is called "One-eye, Two-eye and Three-eye." It is about three sisters, two abnormal and one normal; the normal sister is the one with two eyes and is of course the heroine of the story. "Augenblick" literally means a blink of an eye in German, i.e. a moment, and generally refers to the shortest possible time span. Time consists of an infinite number of moments, presents, that instantly become past moments, while constantly pushing ahead into the future. Thus, one might claim that the Augenblick does not exist, and that there are only Augenblicke. According to Soren Kierkegaard, Augenblick is the moment when eternity and the temporary meet; it is God in time.

Face

The face is often a decisive factor regarding the way in which the person's personality is perceived. The face is a central marker of a human being's looks, even if it only covers a small part of the body. The face's expressions, grimaces, gestures, constitute an important part of communicative discourse; an unspoken language that is nonetheless vital in most conversations and interpersonal relations (apart from racist reasons, this is also why some people find the burqa problematic; it covers the face of the Other, and hence excludes an important part of communicative discourse). Often, the face becomes a symbol of human being as a whole. Thus, in Genesis it says that "By the sweat of your brow you will eat your food until you return to the ground, since

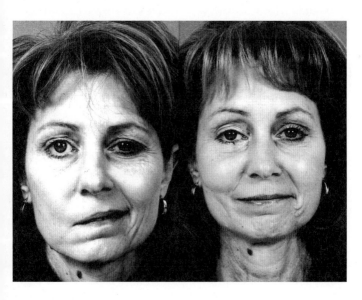

Face
Preoperative and postoperative image of a dynamic smile reconstruction. 2009

from it you were taken; for dust you are and to dust you will return" (3:19). Iconographic depictions of Hindu gods, e.g. Shiva and Brahma, often show these with several heads, while the Roman god Janus has two heads, one that looks back, and one that looks ahead; Janus is the guardian of gates, entrances, exits and passages. A "Janus face" is at the same time used about a person or a case with two sides. "To lose face" means to be humiliated, while to "show one's true face" means to reveal an aspect of one's self underneath the surface (typically something unpleasant). "With a human face" is often used about something considered inhuman or brutal, but which is softened and made more moderate. Facelifts are typically attempts to seem younger than one is, whereas the wrinkled face signals old age (or simply "lived life"). Facebook, on the other hand, doesn't really mean anything, apart from "Hello, I'm not here."

Foot

As the lowest part of the body, the foot is often given a low status in comparison to other body parts. A common ritual is to kiss or wash someone else's feet, as a sign of humility and deference. In Luke 7:36, a sinful woman kisses Christ's feet and washes them in oil, while Maria Magdalena does the same in John 12:1-8. But during the last supper, it is Jesus who humbly washes the feet of his disciplines, despite Peter's protests. Today, the pope sometimes washes the feet of other people on Maundy Thursday. In the orthodox church, this ritual is a sacrament. In St. Peter's Basilica

Foot
Christ in the House of Simon by Dirk Bouts. 1440

in Rome, there is a bronze statue of Peter, whose foot catholic pilgrims often kiss. The foot is also an often-used symbol of victory and power. In the Book of Isaiah, Jahve uses the sky as a throne, and the earth as a footstool. In several religions, e.g. Islam, the holy territory must be entered bare-footed; the shoes must be taken off outside. When the Lord revealed himself to Moses in the burning thorn bush, he said: "Take off your sandals, for the place where you are standing is holy ground" (3:5). A Portuguese proverb says: "Tell your friend a secret, and he will set his foot on your neck." Another proverb says: "If you kick a stone in anger, you'll hurt your foot," which either means: kick a stone when you're not angry, or; if you're angry, kick something else.

Forgetting

Nietzsche writes in *The Genealogy of Morals* that "perhaps there is nothing more terrible and strange in man's prehistory than his technique of mnemonics." Originally, Nietzsche argues, the art of remembering was closely connected to the history of punishment; pre-historic man was punished insofar as he forgot his duties, obligations, commitments, the laws and norms of the community. At the same time, Nietzsche operates with a more positive notion of forgetfulness; the spontaneous man forgets, he lives in the present moment, he does not remember the petty things, the revenge, the debt, the scores to be settled, however small or large; but moves on, being fully present in the moment, like the animal that bears no grudges (with the exception of the shark in Spielberg's *Jaws*). This is reminiscent of Hegel's famous quip that the happy moments of human beings are the blank pages of history; the phrase bene vixit, bene qui latuit. And yet, of course, contemporary sentiments about the good life seem more shadowed by the prospect of that dreadful insight at which Tolstoy's Ivan Ilyitch arrives during the course of his unfortunate life — that none of your endeavors in life really mattered; that no one will remember you when you're gone; that your life made absolutely no difference at all. The worst fate of all; to be absolutely forgotten — isn't this why people desperately post everything possible on their personal homepage, including pet animals, holiday photos, selfies etc. Even the NSA's secret record of everything here turns into a positive; at least we've left a record of something, a trace of our existence, regardless in what kind of archive. The irony is of course that the more one strives to be remembered — that is, for the sole sake of being remembered, the closer one approaches the edge of oblivion. The punishment for the desire to be remembered — e.g. through celebrity, fame — is oblivion (one might think of Jean-Baptiste Mondino's pictures "Reality Bites" of models posing with guns, dripping with blood, in the 1994 July issue of *The Face* — whatever it takes to be remembered, the pictures seem to say). However, even the achievements worth remembering across time potentially become victims of the contingencies of the future's memory. Thus, one could imagine a kind of exemplary Rogues gallery of people whose only crime was that they were forgotten. In a wider sense, one might think of all the thousands of memorials and monuments around the world, the plaques and souvenirs bearing witness of heroes and victims defining the world — who, through the course of time, inevitably become separated from whatever history or event they refer to; and now only surviving in our time as an unreadable, incomprehensible, mysterious cipher of something lost, something utterly unrecognizable, like the remnants of a ruined house after a wild fire. To be forgotten involves the idea that one must, at some point, have been remembered in order to become a victim of

oblivion — the person never remembered was of course never forgotten. Perhaps this testifies to the way in which we judge ourselves in the present, like a series of Facebook profiles ever in danger of turning into a Rogues gallery of the future.

Free Will

Stanley Kubrick's *A Clockwork Orange* consists of three parts, each of which deals with the question of free will. In the first part, we have the main character Alex who along with his gang members carry out all kinds of nasty and evil things at will. There is a sense in which Alex is absolutely free; ignoring the police, his parents, teacher — authorities in general. He is free to do whatever he wants: fight, steal, rape, drink. In the second part of the film, Alex undergoes the so-called Ludovico treatment after which he feels nausea whenever his desire drives him toward violence, harassment or other illegal activities. That is to say, in the second part of the film Alex is radically unfree. The third part is very short: it begins after Alex has attempted to commit suicide, but survives and is now recovering in hospital. The politician who introduced the Ludovico technique visits him, plays his favorite Beethoven music, and all indications seem to show that Alex has been cured; he is yet again the same character as in the first part. Thus, Kubrick seems to suggest that the evil — but free — Alex is a social problem, but nonetheless preferable to the unfree Alex in the second part of the film. In another perspective, the film fails to articulate any notion of genuine free will at all. In the first part, Alex is simply a slave of his instincts and desires — and hence not really free at all; in the second part, Alex is not really a human being (but rather a robotic being controlled by the Ludovico technique). To be in control of one's free will, i.e. to have free will, means to be able to rise above one's instinctual or bodily desires, e.g. to do homework instead of watching a sports game on TV. This is why exercising one's free will often feels like the exact opposite: you can't have your cake and eat it.

Gaze

In the essay *Visual Pleasure and Narrative Cinema*, Laura Mulvey criticizes the classic Hollywood film for what she calls a 'male gaze position'. The Hollywood film, Mulvey argues, appeals to a 'scopophilic' desire, that is, a voyeuristic fantasy according to which the female body is shaped and formed in relation to a male gaze — as a sexualized object to be looked at. In this sense, the Hollywood film is both show and narrative at the same time. The female body always threatens to undermine the flow of the narrative with her mere presence — as the embodiment of a male fantasy — and her significance in the film, the importance of the role she plays, corresponds to how the male protagonist chooses to respond to her potentially disturbing presence. Mulvey's argument of the female body as a potential threat is further elaborated by Linda Williams in the article "When the Woman Looks," in which she analyses the close relation between the monster and the woman in the classic horror film. The classic horror film creates an uneasy equivalence between looking and desiring. The male voyeuristic pleasure is conditioned by the lack of desire in the object, the seen body. In other words, it is crucial that the object must not possess a potent gaze. When the woman in the horror film does possess such an interrogative and voyeuristic gaze, she is typically punished.

Greeting

Greetings, verbal or non-verbal, between people are signs of recognition, politeness or submission. The non-verbal greetings include bowing, curtsey, waving, saluting, bending on one's

Gaze
Woman After Bath by Hashiguchi Goyō. 1920

Greeting
[Top]U.S. President Calvin Coolidge. 1924
[Bottom]U.S. President Ronald Reagan and wife Nancy Reagan. 1981

knees, tipping one's hat, slapping someone's shoulder or back (or head), or kissing someone's feet. In some cultures, it is custom to shake hands. In other cultures, such a custom would be considered barbaric (perhaps because of the fear of spreading bacteria). In many Asian countries, bowing is the normal way of greeting, and the degree of bowing will indicate how submissive you are (this depends on age, rank, income, marital status, family connections etc.). This will often be accompanied by exchange of business cards with information about name, address, education, profession. Greetings were originally a kind of invocation, a religious form of blessing. The Hebrew greeting "Shalom," like the Arab "Salam," means peace (i.e. the peace of God, as in "Salam Aleikum" — peace be with you). While in earlier societies, there were often complicated rules of greeting, today the gesture has lost some of its symbolic function. But it can still become a deeply meaningful gesture, for example if you refuse to greet someone or vice versa.

Grievable Bodies

Somewhere, there is always a frame; one that directs our gaze, limits and tells us what we should look at, pay attention to — and what we may ignore. The unseen

here equals something that not only is omitted or overlooked, but also something that in a sense does not exist, or whose existence is in question; something that remains unrecognized, politically as well as ethically. The picture of a drowned little boy lying on a Turkish beach — the three-year old Aylan Kurdis — got the world's attention because this was a body within the frame of global consciousness. What made the incident curious was that this dead body was only one among so many which had remained invisible, not spoken of, ignored, unrecognized, like ghosts. Events, wars, incidents, accidents — all of them are framed by the way in which they reach us, our attention. And they are framed according to the norms of our culture and society, which make some lives more worth than others, some lives more *grievable* than others. This is the argument Judith Butler presents in *Frames of War* (2009). The world went into shock after the Paris attacks in 2015, but not the day before when two massive bombs exploded in Beirut, or twelve days later when a Russian airliner was bombed over the Sinai Peninsula, claiming the lives of 224 people. As Butler argues, there are certain lives that are ungrievable — lives that can not be lost, destroyed, because they already inhabit a lost and destroyed zone. Despite the alarming number of Palestinians killed, these lives remain ungrievable, according to Butler, because they get tangled up in the war zone of Hamas and the Israeli army. They become invisible in the fog of war; and we can only grieve over the lives that are visible, recognized. Recognized is the life that is considered worthy of preservation. The meditation or framing of violence governs our reactions, political as well as ethical; the hard questions about what we will do about it. Frames allow us to center our attention around a few ethical and political questions, while most actions are simply outside the frame — and hence, beyond our moral responsibility. It happens that images break out of the frame, like the images emerging from Abu Ghraib, or the dead body of a three-year old boy. The picture of Aylan Kurdis troubles us because we recognize a loss that can be grieved; a life that ought to have been lived. But most often, these lives remain ungrievable, like the thousands of refugees drowing in the Mediterranean sea before and after.

Hand

According to some anthropologists, it is the hand — rather than the brain — that made it possible for human beings to take control over the earth. With our hands, we have produced and used tools, weapons and other inventions. And to a large extent it is with our hands that we express our emotions, intentions and opinions. The most simple expression is the raised hand, whose original message was: here I am, look at me. That is to say, the marking of a person's prescence, an expression of recognition, a greeting. The raised, weapon-less hand — the flat of the hand — furthermore signaled that one had no hostile intentions. And if one raised both hands, it was — and still is — a signal of surrender. A raised hand is also used when one is being sworn in, or making a solemn promise. The Roman Emperors were often depicted with a raised hand. Mussoulini appropriated this ancient gesture in the 1920s, and the raised right hand subsequently became a symbolic gesture used by fascists and Nazis. The disturbing image of the Nazi salute also underscores another aspect of the raised hand — the threatening hand, ready to punish; e.g. the father's or the teacher's raised hand in front of a disobedient son or pupil. A clenched fist is most often seen as a threatening gesture. But in a more stylized version, with outstretched arm (and knuckles turned backwards), the clenched fist

Hand
Augustus of Prima Porta. 1st Century (*Till Niermann / Wikimedia*)

may also be perceived as a greeting, especially among revolutionary or protesting groups, e.g. the Black Panthers.

Head

As the upper part of the body, and the seat of the brain — as well as visual, olfactory, auditory and taste faculties—the head is typically considered the most important part of the body (exemplified in the passport photo). The head represents to a larger extent the human personality, because consciousness is located here, and because the eyes are often described as "the mirror of the soul."

The head is the home of the mind, which is often seen as distinct from the body: e.g. Descartes' body-mind dualism. Further implications of this distinction are: rational thoughts vs. emotions, will vs. desire, intelligence vs. habits. If you can't make "head or tails" of something, you don't understand what is being said. To be a headless chicken means that you're doing a lot of frantic things without really thinking about what you are doing; i.e. one is not using one's head (another metaphor expressing the lack of thinking). Often the head is used as a pars pro toto for human being as such; e.g. a head is rolling,

Head
Police arrest a man during the Watts Riots. 1965

to crown one's head, headhunters. A skull often symbolizes life's shortness (or someone else's short life, as in *Indiana Jones*: the skulls of previous adventurers who failed to avoid the traps in the cave). To hold one's head high signals triumph, to lower one's head means defeat, or perhaps envy and anger — for example when Cain with lowered head kills his brother (Genesis 1:4-5). When a criminal is placed in a police car, the head is always pushed down, as if to signal: you're no longer in control of your life (or: don't bang your head into the car frame, so that you can accuse us of police violence). The severed head is sometimes viewed as a symbol of martyrdom; e.g. John the Baptist's head on a tray, or Caravaggio's painting of Goliath's head. In Nordic Mythology, Mimer's head is alive and speaks to Odin (like the head in Jason Statham's *Crank*).

Heart

The heart symbolizes the center of life, the soul, the inner sanctum of personality, emotions, empathy, love, faith and courage, happiness and sorrow. The heart is often placed in opposition to the mind, which is seen as the seat of reason and sense (thus the heart is perceived as warm, while the mind is cold, e.g. 'cold reasoning'). The Aztecs sacrificed human

hearts on top of huge pyramids as a tribute to the power of the sun. In Christianity, Jahve tells Samuel that humans look upon what is in front of their eyes, while God sees the heart (First Book of Samuel 16:7). The heart is probably the most common symbol of love (often lovers cut the contours of a heart — sometimes penetrated by an arrow — into the bark of a tree, which may lead to the tree dying: just one example demonstrating that love is lethal). Valentine's day, 14. February, is global capitalism's official day for love — upon which you're supposed to give heart-shaped gifts and letters to loved ones (albeit not to the mistress or the neighbor's wife). According to the rule of global capitalism, these tokens cannot be home-made, they have to be bought.

Hipster

'The times they are a changin'; fashion changes, new phenomena constantly emerge, old ones disappear. Mastering change better than most is the figure of the hipster. The logic of the hipster is difference, and in a further sense dissimilarity, distinction. Ironically, no one wants to be called a hipster, and hence be affiliated to a group with specific group characteristics. If you want to characterize the hipster anyway, look out for individuals with these

Heart
[Left]I Love New York, logo. 2009
[Right]Image of a heart. 2008 (*Meul / Wikimedia*)

visual characteristics: youth, beard, wearing sunglasses inside a house, barefoot, bowtie, macbook at café, sweater, blogs about organic farming, pipe smoking etc.). The hipster is visibly recognizable precisely because of the uniqueness of his or her *act*: different clothes, different hair style and so forth. The hipster is primarily a visual phenomenon. However, the *thinking* is ironically the same. This is what every hipster thinks: 'I want to be different, I want to stand out, and I want others to see that I stand out among others'. The hipster distinguishes him- or herself from the crowd, although not to really stand out: quite the contrary, the hipster stands out precisely with the

purpose of being cool and admired by and within the crowd. Together with other cool people, the hipsters want to be part of the crowd, but in a noticeable, distinguished way. The hipster is, in this sense, the ultimate crowd animal, the one who has managed to express the fullest sense of individual identity — albeit only *in the crowd* (an unseen, isolated hipster identity is not hip at all, but rather the identity of a weird recluse). Since the difference of the hipster only manifests itself at the level of the visual, not at the level of thinking, the safest strategy for the hipster is to be silent (preferably while wearing sunglasses), or — alternatively — to speak in riddles. This was perhaps the reasoning

Hipster
[Top]"I'm different." Hipster and bike. 2006
[Bottom]Melbourne Hipster. 2011 (*Yi Chen / Flickr*)

behind the (hip) decision to award the Nobel Prize in literature to the über-hipster Bob Dylan in 2016, whose enigmatic lyrics express everything and nothing at the same time, but — crucially — in a hipster way. In the music industry, this award would not have been hip at all: there are too many Bob Dylan-look-alikes around. In the world literature, there is only one.

Holocaust Victims

In 1942, the Nazi regime decided to build extermination camps in an attempt to eliminate the European Jews; it was called, euphemistically, "the final solution." Auschwitz (1942 -45) was the largest of the Nazi concentration camps. About 1.3 million people died in Auschwitz. The majority were gassed; the rest died from disease, cold, hunger, fatigue, medical experiments, bad luck, random violence. Auschwitz was liberated on 27 January, 1945 by the Soviet army. There were rumors of the horrors of Auschwitz already in 1942. Yet, there was no action by the international community. "The world was silent," as Elie Wiesel — a Holocaust survivor and Nobel laureate — observed. In the years following the Second World War, holocaust testimonies gradually began to emerge. Today we have Holocaust museums, memorials, libraries, movies, documentaries — even deniers. In 1979, UNESCO made Auschwitz an official site of world heritage. Since 1979, the international community has been silent on numerous occasions: Cambodia, Rwanda, Ex-Yugoslavia, Darfur etc.

Holocaust Victims
Memorial to the Murdered Jews of Europe. 2005

Homely Bodies

According to Karl Marx, history is essentially the succession of socio-economic formations of property relations. To Marx, the rise of capitalism began around the end of the fifteenth century, when feudal production systems had largely broken down and replaced by what Marx calls 'petty industry', and which in turn would be replaced by more rationalized modes of production, as these were developed up through the 18th and 19th century. Human identity itself undergoes a process of rationalization, Marx argues; the title-less man, forced to work for money, and hence reduced to an identity as a *worker*, "is at home when he is not working, and in his work feels outside himself. He is at home when he is not working, and when he is working he is not at home." The implication, Marx ominously observes, is that "the external character of labor for the worker appears in the fact that it is not his own, but someone's else's, that it does not belong to him, that in it he belongs, not to himself, but to another." But not even when the worker is at home, when he is not working, can he fully enjoy the privileges of a home: "The savage in his cave — a natural element which freely offers itself for his use and protection – feels himself no more a stranger, or rather feels himself to be just as much at home as a *fish*

Homely Bodies
"Excluded lives." Homelessness. 2016

in water. But the cellar-dwelling of the poor man [i.e. the worker] is a hostile dwelling … which he cannot look upon as his own home where he might at last exclaim, 'Here I am at home', but where instead he finds himself in *someone else's* house, in the house of a *stranger* who daily lies in wait for him and throws him out if he does not pay his rent. Similarly, he is also aware of the contrast in quality between his dwelling and a human dwelling — a residence in that other world, the heaven of wealth."

Horrified Bodies

In the essay *Beyond the Pleasure Principle*, Sigmund Freud wonders why certain of his patients repeatedly relive painful episodes. He comes to the conclusion that they unconsciously attempt to master and control traumatic experiences — if only in an imaginary sense — by repeating them, again and again. Freud calls this "repetition compulsion," and it is a concept which may explain — albeit in a more general sense — the compulsion to watch zombies and other unpleasant personalities on the screen. There is, in other words, something pathological about repeatedly exposing oneself to fear and horror — evidence of something we've never quite managed to master, and therefore

are doomed to relive. To master fear gives us a sense of satisfaction, pleasure even — the pleasurable feeling of breathing a sigh of relief after the horror film has come to an end. A similar feeling occurs when we wake up after a terrible nightmare. Ernest Jones's 1931-book *On the Nightmare* adds another dimension to the fascinations of horror. Jones asks why it is that one simultaneously feels drawn towards - as well as repulsed by horror. Discussing the horror of a nightmare, Jones argues that it consists of a combination of two things — a secret, immoral wish fantasy, and a censoring, prohibitive mechanism. Through this profoundly ambiguous construction, one is permitted to pursue a socially unacceptable desire while also censoring it — at one and the same time. Because of its immoral, transgressive character, the wish fantasy can never appear in its direct representational form — which explains why it has to be disguised (or deformed) as a monstrous, sadistic body. Jones thus argues that the nightmare embodies a kind of give-and-take dialectic, a compromise that reconciles two opposed forces. It is as if this give-and-take logic suggests that we can have our innermost, repressed desire fulfilled, but only in the form of sheer horror; horror is the price to pay for our forbidden pleasure. What we desire most becomes our greatest fear. Thus, we can indulge in the desired object without feeling any guilt — just horror.

Hysterical Bodies

Sigmund Freud argues that "hysterical patients suffer from reminiscences. Their symptoms are residues and mnemic symbols of particular (traumatic) experiences." To illustrate this point, Freud makes a rather curious reference to what he calls 'two unpractical Londoners', who happen to pause in front of certain monuments in London. Freud writes: "The monuments and memorials with which large cities are adorned are also mnemic symbols. If you take a walk through the streets of London, you will find, in front of one of the great railway termini, a richly carved Gothic column — Charing Cross … At another point in the same town, not far from London Bridge, you will find a towering, and more modern, column, which is simply known as 'The Monument'. It was designed as a memorial of the Great Fire, which broke out in that neighborhood in 1666, and destroyed a large part of the city. These monuments, then, resemble hysterical symptoms in being mnemic symbols … what should we think of a Londoner who paused

today in deep melancholy between the memorial of Queen Eleanor's funeral instead of going about his business in the hurry that modern working conditions demand or instead of feeling joy over the youthful queen of his own heart? Or again what should we think of a Londoner who shed tears before the Monument that commemorates the reduction of his beloved metropolis to ashes although it has long since risen again in far greater brilliance? Yet every single hysteric and neurotic behaves like these two unpractical Londoners. Not only do they remember painful experiences of the remote past, but they still cling to them emotionally; they cannot get free of the past and for its sake they neglect what is real and immediate." To Freud, it is entirely normal to feel emotional attachment to a loss that has occurred recently; but not to a loss that occurred a very long time ago, perhaps a loss that is not even one's own. The latter is an example of what Freud would designate as 'hysterical': a hysterical subject for whom the links between history, memory, and 'what is real' have become confused, perverted. The symptom of hysteria, Freud writes, "finds its way, like a foreign body, into the normal state" of the subject — the subject becoming possessed by something alien, like

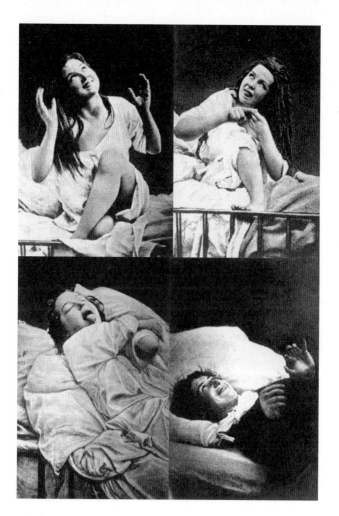

Hysterical Bodies
Women under Hysteria. 1876–1880

a history that is not his or hers, but to which a pathological emotional attachment somehow develops. "Wherever there is a symptom," Freud argues, "there is also an amnesia, a gap in the memory, and filling up this gap implies the removal of the conditions which led to the production of the symptom." The symptom itself, however, is also a 'filling up' of the gap, albeit with the wrong mnemonic traces — e.g. 'The Monument' or 'Charing Cross'.

Immortality

In the Greek-Roman Antiquity, immortality was a characteristic of the gods (Greek: a-thanatos; Latin: im-mortalis, meaning "without death"), in contrast to everything living on earth. In the ancient Greek myths, some mortals become immortal (Ganymedes, Heracles, Castor), and thus taken to Olympia to enjoy ambrosia and nectar. In several religions, the thought of immortality is part of a promise about salvation and a life after death for the initiated. In Pythagorean philosophy, we find the idea that human being consists of a mortal body and an immortal soul, which after separation from the body may find a new one. The theory has been developed in several directions, for example by Plato, who argued that the distinction between the

changeable and the unchangeable, matter and non-matter, is the metaphysical precondition for all human understanding. In Christianity, the idea of the soul's immortality was a continuation of a widespread conception in the Hellenistic world around the time of Christ. The soul's immortality is still an important part of the official doctrines of the Catholic church. In certain epochs, especially during the enlightenment period, protestant theology and philosophy also claimed that the soul was immortal. Immanuel Kant believed that since no one can fulfil the moral law in this life, it is necessary to postulate an immortal soul. Also to a series of philosophers and theologians during the Romantic period, the immortality of the soul plays a role, often understood in connection with reincarnation. More recent protestant theology tends to reject the question regarding the soul's immortality, or tend to grant the idea a symbolic meaning (on the other hand, we find eschatological ideas about the resurrection of the body, and the eternal life). In Indian religion and philosophy, the idea of immortality is connected with the notion of life as a wheel of constant rebirths, Samsara — from which one must liberate oneself. In Hinduism, liberation is called moksha; in Buddhism, nirvana.

Incarnation

Incarnation (in Latin *caro*, meaning "flesh," and *carnis*, "to become flesh" or "human") means a god's appearance in the particular shape of a human. The notion of incarnation is found in many religions; for example in Hinduism, but also in a monotheistic religion like Christianity, which however stresses God's radical difference from the world and humans. The Christian creator cannot become a creature, yet Christian faith claims that God's being is manifested in a human creature: God's words have created the world, but because the world will not know it, the word becomes flesh (John, Chapter 1). The fallen world may be saved through God who appears in the human shape of Christ. This was incarnation already from around 100 AD. In Antiquity, the thought of incarnation was controversial because it seemed to question the immutability of the divine. One of the main themes in Christian theology was thus the debate about the compatibility between the thought of God and incarnation (e.g. Athanasios in 300 AD, and Anselm of Canterbury in 1000 AD). The result became the doctrine of Christ's two beings, one human and one divine (upheld at the Council of Nicaea in 325 AD, and in Chalcedon 451). A lot of modern theological disputes relate to the understanding of incarnation. One of the central claims here is Kierkegaard's claim that incarnation represents a paradox upon which the mind founders, which leads to the question of existence.

Instagram

Never before in history have we taken so many photos. Photography used to be costly and time-consuming, which also meant that the photographs usually had something essential about them; essential moments of our lives. All this has changed, of course, in the sense that photography is neither costly nor time-consuming, and the stuff we capture on camera — for most part — is hardly essential at all. Instagram offers a solution to this conundrum. Packed with photoshopped selfies, cute cats, loving couples, endless sunrises and sunsets, tasty meals, nail art, and exotic places, Instagram is a modern-day temple in a fragmented reality; it is here we cultivate, intensely, the pathological fantasy of the other, the other person's happy and perfect life — the absolute contrast to our own dull and dreary everyday life. Life reduced to a series of culminations, orgasiastic moments, highlights and climaxes; the highest mountains, the longest vistas, the most intense and intimate

Incarnation
Die Bibel in Bildern. 1860

Instagram
[Left]"Metonymic selves." Bandana man. 2015 (*Stephen Dann / Flickr*)
[Right]"I'm having fun, but I'm not telling you why." Man and kitten. 2014 (*Samu / Flickr*)

moments of love, the best meal, the most sunny day. Instagram captures, in superlatives, the fleeting moment, isolated from the rest — the 'dregs' of life (which end up in the recycle bin) — in order to make our photographs essential again; the thousands of thousands of photos we constantly take. Ever since its invention, there has always been something paradoxical about photography; the attempt to capture essence and presence, but which at the same time captures the absence of presence. The body is there, but being there also underlines its not-being-there. Instagram takes this paradox of the photographic image to a new level, at which the referential connection to reality — whatever is behind a photo, what it refers to — is lost in the algoritms, photoshopping, and unique feeds. But it would be wrong to simply state that Instagram offers a false and superficial world of isolated images; it creates new bodily experiences in a digital age that increasingly has turned the body experience into another image, someone else's image.

Interpellation

Why do people accept their bodies, and the position of their bodies, in society? In the classic Marxist analysis, the ruling class also rules the collective thoughts. Hence, narratives of freedom and personal responsibility make people accept their position in society. Do these narratives convince me to work for a very low salary (while my neighbor earns twice as much for less work?). The French philosopher Louis Althusser thought this was too simple a model. He argues that society provides the (ideological) basis of one's sense of identity, the very medium through which one perceives oneself and his or her surroundings. To become a subject — or, as Althusser puts it, to be interpellated — is to be addressed by society in a certain way that makes you recognize that you are the one being addressed. The classic example is the police officer shouting "Hey, you!" As soon as anyone hears that, we think: who, me? Or when a police car drives by: do we not — many of us, at least — ask ourselves whether we did something wrong? (e.g. walk on the wrong road, drop litter on the pavement, smoke in the wrong place etc.). In fact, we are constantly addressed as specific subjects: girl, boy, father, mother etc. Through these modes of address, our identity is shaped (along with gestures, behavior, ways of speaking etc.). All this may make one think of Truman Burbank in *The Truman Show*, the story about a man who realizes that he has been living in a TV show and

Interpellation
"Hey you, just be yourself." Johnny Cash. 2008 (*Tony Fischer / Flickr*)

all his family and friends are TV actors playing his family and friends. Truman is completely interpellated. But the film also offers a solution: Truman discovers that he inhabits a fake world and decides to escape. There is no such straightforward exit for Althusser's interpellated subject. We live in a world mediated and manipulated by others' interests and narratives etc. But there is no single mastermind behind the curtain, and there is no exist. On the other hand, the interpellation is never entirely complete, absolute. The "you" addressing me as a certain subject is never entirely clear to me: it leaves openings, gaps, through which we may be able to grasp our interpellated understanding of our selves.

Kidneys

A popular story circulated in the 90s about a man travelling in the Far East. The group he was travelling with made a stopover in Bangkok. In the evening he wanted a whiskey, but there was no bar at the hotel. So he went to another bar a little further down the street. The next morning he woke up in a strange place, tied up in bloody bandages. The last thing he remembered was entering the bar and ordering a whiskey. He didn't know how long time had passed. Eventually, he discovered that he had lost one of his kidneys.

The story is an urban legend, which comes in several variations. Thus, the story may contain an ignorant tourist, a female beauty (acting as a decoy), and it may also take place in the west (e.g. Austria). Several journalists have tried to figure out whether there was any truth in the story, and the univocal answer is no; not a single, documented case corresponding to the story exists. Besides, transplanting a kidney is a complex operation involving exact blood type match, correct types of tissue, and other factors — all of which makes the idea of stealing a kidney from a stranger somewhat unrealistic. But the story may have been created in connection with the emerging, global organ trade in the last few decades. In reality, there are thousands of people from poor countries, who sell their organs for economic reasons. In the urban legend, the roles have been reversed: here, we have a representative from a wealthy society portrayed as the victim, while the non-western subject is the perpetrator. The underlying message of the story seems to be that the third world constitutes a threat to the (ignorant, but innocent) western subject.

King's Two Bodies

In the work *The King's Two Bodies* (1957), the historian Ernst Kantorowicz tells the anecdote of

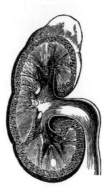

Kidneys
Human kidney illustration.

the English parliament indicting King Charles I on charges of high treason. According to the charge, King Charles had enriched himself as an individual instead of acting as a King. Kantorowicz comments that the example shows how the notion of the King always consists of a person with two bodies; the biological-physical body, and the immortal-divine body, or the body politic. The King is the person binding a community together — into a kingdom — and because of this unifying capacity, the King must possess an immortal body (embodied in a concrete, physical body). If this was not the case, the kingdom would risk falling apart every time a king died. King Charles I was beheaded in 1649, shortly after his trial — but the King of England lived on. Hence the saying:

the king is dead, long live the king!

Kiss
The ancient Romans distinguished between friendly kisses, erotic kisses, and courtesy kisses. These forms still exist today: kisses are often used as forms of greeting, e.g. a kiss on the chin, or as religious worship, for example kissing the picture of a saint. It is also one of the most common symbols of love and sexual desire. A kiss on the hand indicates submissiveness, e.g. a servant kissing the hand of a ruler, or chivalry, when a man kisses a woman's hand. A kiss on the foot or cloak would be an even deeper expression of submissiveness. If a man kisses the woman's hand and foot, it may lead to confusion. Muslims who make a pilgrimage to Mecca kiss the holy stone outside

the Kaaba; the Christian pilgrims kiss the foot of the statue of Peter in the St. Peter's Basilica. A kiss is used in the Catholic Mass as a sign of peace and community. It is based on Paulus' words, "Greet each other with a holy kiss." A Judas kiss is a sign of betrayal, referring to the story of Judas betraying Jesus by kissing him in the garden of Gethsemane. When Soviet leaders let DDR's party leader, their obligatory kisses were sometimes interpreted as the "kiss of death." To Mark Twain, a kiss sounds like a cow pulling it's leg out of mud.

Kierkegaard describes the sound as a fly being smacked. In fairytales, the princess often kisses the frog, which turns into a prince. Some years ago, a British commercial had a woman kiss a frog, who turned into a young, handsome man. The man immediately kissed the woman, who turned into a beer bottle. Hence the notion: 'a fleeting kiss' — like the short, brief moment when the woman meets a man in the commercial, before the inevitable asymmetry (frog, beer bottle) of their relation yet again manifests itself.

Kiss
Denis Thatcher, husband of UK Prime Minister Margaret Thatcher, greets U.S. First Lady Nancy Reagan. 1988

Laughter

The Icelandic cartoonist Hugleikur Daggson's works are often described as sickening pieces of death, gore, debauchery and filth. Others have argued that his drawings ask uncomfortable questions about our moral limits and standards. Not so much perhaps because of the drawings themselves, one suspects, but rather because he is allowed to draw them, because he can. The latter surely explains why it has to be at the 'black and white doodle'-level (more ambitious efforts would be deadly, suggesting seriousness, pretentiousness etc.). He can, he is allowed to draw whatever outrageous stuff he's doing, because people find it funny, and to have fun outweighs all other concerns in our consumer society. Whereas other parts of the world may have basic concerns and demands (such as the right to food, water, freedom etc.), western culture proudly claims the unique and noble right to party and have fun. There is, on the other hand, nothing particularly funny about this tyranny of "having fun" (of which the first rule goes: "if you can't even manage to have a fun time, you probably need to see a therapist"). As such, obscene and shameless cartoons reflect the horrid times we live in, but only insofar as "horrid" functions as a synonym for "funny". The "we"

must equally be seen as a tellingly narcissistic synonym for a self-centred western culture entirely consumed by the increasingly sophisticated development of its own carefully demarcated excesses, to the extent that a whole culture of fun can be summarized and contained within a few black and white doodles on paper. One could argue that Daggson's work is not merely bordering on censorship, but is censorship itself working at the highest level; the simple fact that we are forced to laugh at everything, even self-reflective questions like "should we laugh at this" or "is this supposed to be funny?" Along this trajectory, one could imagine an even more subversive and self-revealing title, such as "why do you not suppose this is funny, what's wrong with you?" This is the tyranny of fun, the right to laugh at whatever cost, like Nietzsche's man: "the reason why it is only man who laughs is because he alone suffers so much that he had to invent laughter."

Lazy Bodies

Among Dante's illustrious renderings of the seven deadly sins in his epic poem *The Divine Comedy*, 'Acedia' — or sloth — seems to have particular resonance today. Drowning in the hellish waters of the river Styx, Dante's slothful

Lazy Bodies
The Seven Vices by Pieter Bruegel the Elder. 1558

sinners were people with whom the poet himself felt some affinity, and for whom he harbored great pity and sympathy. Sometimes translated to 'depression', or 'lack of passion for God', the word 'Acedia' — as Dante's English translator Dorothy L. Sayers points out — also implies 'tolerance', or a laissez-faire attitude; "It is the sin which believes in nothing, cares for nothing, seeks to know nothing, interferes with nothing, enjoys nothing, loves nothing, hates nothing, finds purpose in nothing, lives for nothing, and only remains alive because there is nothing it would die for." Quite often, Sayers goes on, this sin appears under the guise of industriousness and activity: "We think that if we are busily rushing about and doing things, we cannot be suffering from Sloth." While occupied with insignificant tasks, distractions, we neglect what needs really to be done. In the novel *Inferno*, Dan Brown pursues a line attributed to Dante: "The darkest places in hell are reserved for those who maintain their neutrality in times of moral crisis." If the road to paradise goes through hell, as it did for Dante, we find ourselves at present somewhere in the darkest recesses of the kingdom of sinners, according to Brown. In numerous interviews, Brown has openly declared solidarity with the opinions of Zobrist, the brilliant but mad scientist in *Inferno* — that the world is overpopulated, and that action is required — although also stressing that Zobrist's methods are extreme. Something needs to be done, but what? Brown does not hold the answers, he claims. "If I did," he says in an interview, "I wouldn't be writing novels, I'd be trying to help out for real." Many are no doubt relieved that Brown has chosen to stick with novel writing (or perhaps not). With the novel *Inferno*, Brown lays down an author's statement of intent — something needs to be done — although one that ultimately remains undecided, perhaps even neutral (one is never quite sure who is actually saving the world in the novel). As if Brown — similar to Dante, perhaps all writers — surreptitiously acknowledges affinity with the slothful sinners of the fifth circle of hell; the ones observing, describing, while neglecting to act.

Legs

The legs often symbolize something steady and solid, e.g.

'to stand on one's own legs', which means to support oneself or to be independent; or, 'a leg to stand on', which also means support. One might also be lucky to get 'a leg up', in which case one would have an advantage of some kind. 'Break a leg' is typically used to wish a person good luck, whereas to 'pull someone's leg' would involve playing a joke on a person. In some parts of Australia, it is apparently considered rude if a man crosses his leg over the other and thereby shows his ankle in a certain way. Allegedly, the reason goes all the way back to the time when Australia was a British colony. Among the first colonialists were prisoners who had been shipped to the country — in chains; this would leave a permanent mark on the ankle that forever reminded the man of his past. Hence, to draw attention to one's *unmarked* ankle was considered rude and arrogant.

Manic Pixie Dream Girl

After watching the movie *Elizabethtown* with Kirsten Dunst, the film critic Nathan Rabin came up with the term "Manic Pixie Dream Girl" to describe "that bubbly, shallow cinematic creature that exists solely in the fevered imaginations of sensitive writer-directors to teach broodingly soulful young men to embrace

Manic Pixie Dream Girl
[Top]Audrey Hepburn in Breakfast at Tiffany's. 1961
[Bottom]Zooey Deschanel. 2008 (*Briana Baldwin / Wikimedia*)

life and its infinite mysteries and adventures." The stock character has been around for decades — for example, one might think of Audrey Hepburn's character in *Breakfast at Tiffany's* (1961). The opposite of an independent, autonomous figure, the manic pixie dream girl is a projection, a fairy, magically appearing at a moment when the main/male character feels let down, abandoned, depressed, perhaps suicidal (as in *Just Before I Go* from 2015). She is down-to-earth, energetic, a little crazy and absolutely fun to be with (and wants be with the male character — whom everyone else typically wants to avoid). Perhaps most importantly, she is utterly undemanding; that is, she doesn't seem to want anything in return for her fun company (e.g. toilet flush after use, credit card, the right performance in emotional situations, romantic dinners, restricted TV sports watching, swearing ban, buddies ban, kids, marriage etc.). It is, in other words, a character offering endless first love, infinite play.

The Marlboro Man

From a contemporary perspective, there is something disturbing about The Marlboro Man, this iconic American body — the fictional hero of 'real' America. The commodity — i.e. the tobacco for which the Marlboro Man advertised so faithfully — has long been outdated (nobody smokes today — at least not without being violently stigmatized), just as its image or personification, the cowboy, died long ago because of too much smoking. It is an advert that has turned into something ominous, no longer promising pleasure but the opposite, death and apocalypse. There is something embarrassing, obscene and perhaps unsettling and uncanny about seeing outdated adverts from a previous epoch. Shame-faced, we see only too clearly the deceit by which our naïve desires were controlled then, as if these adverts only now reveal the unfulfilled promises of happiness and joy, the capriciousness of time; as if we confront an image of a hypnotic dream from which we have since awoken, and realize that it was all too good to be true — that consumerism and our credit cards did not stretch enough to buy a ticket to the Elysian fields.

Medusa

Medusa is the horrifying gorgon with snakehair in the Greek mythology. Medusa was able to kill anything with one, single gaze. Originally, she was one of the ancient moon goddesses, in whose temple were holy snakes with clairvoyant powers. But as time went by, the old moon goddesses were dethroned by others and newer gods. Pallas Athene transformed Medusa by turning her hair into snakes and making her face terrifying. Later, she had her head chopped off, but the face was still so powerful that it petrified anything that looked at it (like the snake paralyzing its prey with poison). In the end, Pallas Athene put the head on her shield. In a manuscript from 1922, Sigmund Freud briefly analyses Medusa's head. To Freud, her head is analogous of female genitals. The sight of the these genitals arouses castration anxiety (Medusa is beheaded, which in Freud's psychoanalytic mind equals castration). The fear of Medusa is thus the fear of being castrated.

Melancholic Bodies

In the essay "Mourning and Melancholia," Sigmund Freud argues that mourning is a 'normal' response to loss: "Mourning is regularly the reaction to the loss of a loved person, or to the loss of some abstraction which has taken the place of one, such as one's country, liberty, an ideal." The subject's interest in the external world is withdrawn — an empty desire. For a while, the subject invests all his or her libidinal energies in the memory of the lost object. After a period, however, the memory wanes: "We rely on its [the condition of mourning] being overcome after a certain lapse of time." Melancholia in many ways resembles the process of mourning, and it is this resemblance that

Medusa
The Head of Medusa by a Flemish painter. circa 1600

Melancholic Bodies
Melancholia: a female figure contemplating a skull, surround. (*Wellcome Images / Wikimedia*)

eventually leads Freud to conclude that it too involves an object loss of a kind. There is something rather strange, however, about melancholic object loss. It may involve, Freud observes, a "loss of a more ideal kind," that is, a loss of an object that has not vanished but merely changed; it may also be an altogether more ambiguous loss where "one cannot see clearly what it is that has been lost" — and here again it may not necessarily involve a person, but something in a person. The latter leads Freud to suggest that melancholia is related to an unconscious object-loss. Freud writes: "In mourning it is the world which has become poor and empty; in melancholia it is the ego itself." The melancholic ego is typically unreasonably self-critical, constantly blaming him or herself as worthless, incompetent, and in all respects utterly despicable. However, "If one listens patiently to a melancholic's many and various self-accusations," Freud writes, "one cannot in the end avoid the impression that often the most violent of them … fit someone else, someone whom the patient loves or has loved or should love." This explains why the melancholic, according to Freud, feels more aggrieved than remorseful. What occurs, Freud says, is that the ego narcissistically identifies

with the lost object, becomes the object. In mourning, the lost object is remembered whereas in melancholia it becomes introjected in the ego, or cannibalized as Freud puts it. As such, the melancholic subject becomes one with the lost object, that is, assimilates with it. Freud explicitly connects mourning with time: "in mourning time is needed for the command of reality-testing to be carried out." In melancholia, however, time has been dissolved. Melancholia is "like an open wound" — an a-temporal phenomenon that keeps festering, endlessly.

Monster

In Hollywood cinema, the male subject typically maintains a voyeuristic distance to the object, while the woman, on the other hand, becomes caught up in the act of looking. As Laura Mulvey argues, the woman is forced to identify with a position that is controlled by a masculine code of desire. The classic horror film often creates a point of identification between monster and woman; an encounter between two marginalized subjects recognizing each other's "to-be-looked-at-ness" in one fatally revealing moment. For the male gaze, the monster's difference resembles the difference of the female body — that is, difference as

Monster
[Top Left]Attack of the 50 Foot Woman film poster. 1958
[Top Center]Creature from the Black Lagoon film poster. 1954
[Top Right]Tarantula film poster. 1955
[Bottom]20 Million Miles to Earth film trailer. 1954

a biological "deformity," possessing a terrifying and strange potency, the presence of which causes castration fear. Since the female body in the eyes of the male subject is defined as lack, a castrated male body, the monster in the classic horror film represents the female doppelganger haunting the male subject — a male subject fearing castration of his own body. The male gaze does not differentiate sharply between an object inducing sexual desire, and an object inducing fear. The monster is, in this sense, a distorted mirror image of the woman as she appears in the male fantasy. The awe that her monstrous body exudes is reminiscent of the Medusa myth of the horrible female gaze that paralyzes and castrates the male subject looking at her. But the gaze between the monster and the woman also contains a mutual recognition of their non-Phallic sexuality, a sexual difference that contains a castration threat for the male subject — and for which reason the monster, as well as the active female gaze, must be punished.

Mouth

The Mouth is often connected with life (e.g. "a breath of life"), the creative word, language, consumption, sexuality, birth, and the womb. It is also, sometimes,

perceived as an entrance, a cave, being swallowed up, and the gate to the underworld or hell. The ancient Indian Vedic Sanskrit texts allegedly came out of Brahman's mouth, and the gods out of the creature Prajapatis' mouth. According to Ancient Egypt myths, the god Atum also gave birth to gods through his mouth. In some cultures, coins or pieces of jade are put in the mouth of a deceased person. The Bocca della Verita (the Mouth of Truth) in Rome is a triton figure whose mouth is still used by tourists to make wishes or promises (as in *Roman Holiday*). Tradition tells us that if you put your hand into the mouth of the statue, and make a false promise, the hand will be bitten off. In the Medieval Ages, the mouth was often seen as a symbol of demonic forces, an all-devouring mouth of hell (as in Hieronymus Bosch's paintings). The devil often enters or exits the body via the mouth (as in *The Exorcist or Ghost Rider*). Lipstick is often seen as an erotic sign (the lips sometimes connoting the vagina). Many sayings involve the mouth, e.g. "hold your mouth," "watch your mouth," "open your mouth," "dirty mouth." It is also frequently used as a pars pro toto figure of the whole human body, such as in "many mouths to feed." The mouth and the lips are thus both connected to the

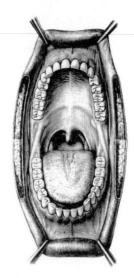

Mouth
[Top]Christ in Limbo by an anonymous follower of Hieronymus Bosch. circa 1575
[Bottom]Medical illustration of a human mouth by Duncan Kenneth Winter. 1950 (*National Museum of Health and Medicine / Flickr*)

immaterial (the soul, the spirit, the intellect), and the material (food, drink, sex), the pure and the impure, a hole and a cave, an entrance and an exit.

Mummy

In 1976, the mummy of the Egyptian Pharaoh Ramses II was transported to Paris to be investigated in some of the then most high-tech laboratories. The aim was more precisely to diagnose Ramses II's cause of death. The scientists discovered that he had to have died of tuberculosis. That it had to be tuberculosis was derived from the detection of the Koch's bacillus on the body. This bacillus had been discovered by the German bacteriologist Robert Koch in 1882. The French philosopher Bruno Latour asks, however, whether the diagnosis of Ramses II proves that Koch's bacillus had always existed (but which was only discovered and named in 1882) — or was it simply the medical term used in the 1970s (but which would not make sense in Ramses II's own time, because it did not exist)? To Latour, the latter question is not simply a trivial wordplay. For example, one could imagine the mummy being transported a couple of hundred years into the future. Perhaps at this point, we would have a very different medical vocabulary, and subsequently consider the term "tuberculosis" as scientifically untrue. But what does this mean in terms of the medical diagnosis in Paris, 1976? Bruno Latour argues that medicine does not simply 'create' a bacterium, which did not exist before the word came into existence. On the other hand, the claim that (what is today understood as) a certain bacterium has always existed — is also misleading. So, as to the question whether Ramses II died of tuberculosis, Latour answers: at the time of his death, Ramses II did not die of tuberculosis, but from today's perspective he did indeed die of tuberculosis. More generally, one could say that all things, events, phenomena have histories with retroactive force. It is never too late to have a happy childhood, as the saying goes; and, it is never too late to die of tuberculosis.

National Bodies

What does it mean to be a national citizen, to be part of a national community? One thing is the citizenship, one's passport, one's legal rights. But to many people, legal citizenship only covers part of what it means to be a national citizen. It would be more precise, as Slavoj Zizek observes, to describe it as "our way of living." The only proper way to describe it is by

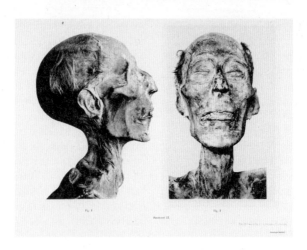

Mummy
Details of the mummy of pharaoh Ramesses II. 2008

repeating variations of tautologies; typically a fragmented list of things around which we organize our meals, rituals, initiations, ceremonies and so on. Or as Zizek sums up; ways on which we organize our enjoyments. The essence of national citizenship is always something more than the total sum of listed things. This is also why a foreigner moving to a particular country may never be considered a full member of the national community, no matter how well he or she may learn the language, cultivate the traditions, eat the local food etc. The essence of national citizenship is spectral, reflexive — in the sense that it does not exist, not in a tangible form at least; it exists solely as that which members of the community believe in (or believe other members believe in). The foreigner is the one threatening this spectral essence, threatening to reveal it as a fiction; that it does not exist (this is why some members of a community love to portray the foreigner either as a lazy person taking our money, or a workaholic taking our jobs; often both at the same time). On the other hand, the foreigner is also the figure transforming the spectral essence into a concretely felt experience; when there is a foreigner present, we can all (except the foreigner, of course) feel a little more authentic — as authentic members of the collective, national body.

Navel

That there is something obscure about the navel is exemplified by the fact that Sigmund Freud labelled the most unintelligible part of a dream 'the navel of the dream'; it is the place where even the most thoroughly analyzed part of a dream turns out to be a blind spot, a cul-de-sac. According to the American Hays code, which served as a censorship guideline for Hollywood film productions between 1930-68, unrestrained and licentious nakedness was deemed unacceptable. The perennial question was, however, what 'licentious' meant. One could imagine a series of borderline cases, such as a sword-and-sandal production with men only wearing a loincloth, or women wearing a leopard skin. There must be a limit somewhere, and according to the Hays code that limit was — the navel: in most Hollywood films from this period, the navel was thus covered by clothes or other items. The reason for the ban on navels might at first seem a little random or obscure, but apparently there is a long history of forbidding the visibility of this body part. In Christian theology, one of the more

curious debates revolve around the question whether Adam and Eve had navels. If one looks at old paintings of Adam and Eve, one will find that not only their private parts have been covered by fig leaves — but also their navels. Why is this such a controversial issue? Because the existence of the navel would demonstrate that they had been born, like the rest of us, and not *created* by God. Whether this theological problem was the bottom reason for the Hays code's ban on navels is uncertain, but the fact remains that this body part is still controversial, even today — hence no showing of navels in many media.

Nudity

Nudity symbolizes originality, birth, edenic state, innocence, emancipation, naturalness, primitiveness, sexuality, truth (e.g. "the naked truth"), as well as renunciation and asceticism. In the garden of Eden, Adam and Eve were naked and innocent like animals, and like children: they lived in an original state of nature ("in puris naturalibus"). After the Fall, they covered their private parts with fig leaves, and wore clothes after they had left Paradise. In many rituals, the paradise myth is replayed; the naked person is — like a little baby — reborn and ready to participate in

Navel
"No navels on TV." 1960s

a community as a different person. In naturism and nudism, the naked body is perceived as natural and without prejudices. But nakedness is often understood as sinful and shameful, something that the 1968 youth protest attempted to change. In visual art, there is a long tradition of using nude models. Often, nudity in visual art may be depictions of more abstract divinities, e.g. Beauty, Victory and Purity. In Christian visual art, nudity often refers to asceticism, martyrdom, poverty (e.g. the barefooted beggar), as well as shameless sensuality of a pagan or satanic kind. Tarzan is a classic naked figure who embodies the opposition between nature and culture. He is almost a non-verbal person, living among apes, but he still wears a loincloth to cover his private parts. It looks a bit like he is wearing swim pants — perhaps no coincidence, since one of the first to play the Tarzan part in a movie (from 1926) was in fact the Olympic gold medal swimmer, Johnny Weissmuller. However, when the black entertainer Josephine Baker the same year, 1926, appeared in a banana skirt it caused outrage among many people who viewed it as a shameless display of eroticism, or even people who feared that her 'animalistic' primitiveness would corrupt the young generation.

Organs

The French scholar Véronique Campion-Vincent looks at rumors about children used for organ harvesting. One of the early rumors was circulated in a 1987-article in the Honduras newspaper *La Tribuna*. In the article, a public official from a social agency is being interviewed in connection with a police investigation of kidnapped children. The children were apparently about to be sold at the illegal, international adoption market. The public official reveals his suspicion that this was not about adoption at all, but rather illegal organ trade, since several of the children were severely handicapped. The story went global, but Campion-Vincent observes that the articles provide no solid evidence of such a trade existing. One reason why this story about child organ trade became popular was according to Campion-Vincent that there really was an illegal adoption market underneath the legal adoption market — sometimes involving kidnapped children, or children bought from poor mothers, who were sold to wealthy adoptive parents in the US or Europe Moreover, the brutal history of Latin America has produced a number of folkloric horror tales about kidnapping, mysterious disappearances, some of which were actually true — e.g. politically motivated kidnappings in Argentina and elsewhere. The stories reveal a fear among the lower classes, their vulnerability in a system owned and controlled by a powerful elite. A fear that might be justified — given that disturbing rumors of street kids and homeless being killed in Brazil and elsewhere continue to flourish.

Pain

In his book *The Culture of Pain* (1991), David B. Morris argues that pain is dependent on how each of us perceive it, and that pain is not the same as it once was, for example 400 years ago. Today, pain has largely become meaningless as medical science has gained the monopoly of explaining what is involved when we feel pain; it has become a symptom, perhaps even a biochemical problem (to which there might be a solution, e.g. a pill). But in reality, pain is much more, argues Morris — much more than simply messages from the neurological system. The experience of pain is, for example, influenced by cultural factors, such as gender, religion, and social relations. Occasionally, it is intensified or created by psychological or emotional conditions, such as anger, fear, guilt, sorrow, and depression. In any case,

Pain
A Frenchman sheds tears of patriotic grief. 1941

pain is an expression of the fact that we are alive. In this connection, Morris refers to scientific literature describing cases of people born without the ability to feel pain. From the descriptions, it is clear that the freedom from pain is not a gift, but rather a curse in disguise — something that takes away an essential part of human experience, what it means to be human. The real gift is pain: it is what stimulates us to become empathetic, compassionate, to "feel the other's pain as one's own," i.e. something that creates bonds, relations, communities.

Pan

It is said about the Greek animal-human god Pan that he already at birth had wild hair, horns, and goat feet. In pictures, he is most often portrayed as a hairy forest demon playing with a small lamb. Pan represents the incarnated, male sexuality, an untamed and wild being whose main occupation was to pursue nymphs and play his flute. He was related to the Roman forest god Silvanus, who is typically portrayed as a strong, bearded and long-haired naked man with a goat's skin over his shoulders, as well as the similar-looking Roman god Faunus. These figures were united in the medieval Christian version of the devil. Most illustrations of the devil portray this character with lots of hair, or a partial animal with horns, tail, and goat's legs or a horse's hoofs, or with bat wings, sometimes even in the shape of a cat. The animalistic dimension apparently underlines his demonic nature, as well as dangerous sexuality — an element that relates back to the figure of Pan. In ancient times, however, Pan's many sexual adventures were considered positive, contrary to Medieval Christianity where it represented carnal lust that would be punished in hell.

Panopticon

'Panopticon' was the name Jeremy Bentham gave an idea of a new type of prison he had developed in the 1780s. The core of Bentham's prison is basically a construction of a space in which everyone, potentially, is being watched by someone else. The guards may watch each of the prisoners, but the prisoners cannot see the guards; the guards may themselves be under surveillance by other — invisible — guards. Underneath this construction, we find an idea about power that works through radical transparency and surveillance; a permanent, all seeing eye, one which is manifested not in a central place, but through a reflexive gaze that sees while being seen at the same time. The panoptic principle thus involves

Sweet, piercing sweet was the music of Pan's pipe

Pan
Illustration of Pan's pipe by Walter Crane.

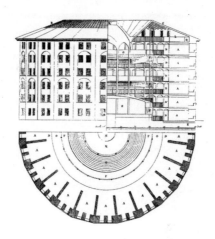

Panopticon
Plan of the Panopticon by Jeremy Bentham. 1843

the awareness of being potentially watched, which generates an inner control or restraint that makes physical control less important, perhaps even unnecessary. In its most extreme form, power does not have a 'last instance', where absolute power is manifested. Although the panopticon was never realized, Michel Foucault argues that it becomes a general principle of power in modern society, a principle that constantly develops into new, complex forms — through computer technology, CCTV, NSA, spy satellites, algorithms, drones etc.

Penis

What is so funny about the name 'Biggus Dickus'? History has shown that there is an intimate relationship between power and the penis. The Egyptian King Tutankhamun was apparently mummified with an erect penis — according to scholars in order to "quash religious revolution." That we are still fascinated by this rather puerile constellation was demonstrated in March 2016, when the German comedian Jan Böhmermann read a satirical poem about the Turkish president Erdogan (which ended with a line about his small penis) in a TV program. Erdogan was not impressed: the incident created diplomatic crisis between Germany and Turkey, and the German

Penis
"Donald Trump and his hand." 2011 (*Gage Skidmore / Flickr*)

government approved a criminal prosecution of Böhmermann (the case was later dropped). One might suspect that part of what's so provocative about this kind of offense is that those involved (e.g. Erdogan) are palpably unable to see anything funny in it — quite contrary; they are often willing to go to extreme lengths to punish whoever committed a relatively harmless offense. The penis is of course an ancient symbol of manhood, virility, strength and power — all positives in the evolutionary scheme of things (this is probably how Donald Trump understood it, when he took offense at someone making a reference to his small hands). But the penis

is also the one thing the man is unable to control, as Freud would have put it; it lives its own life, so to speak, often causing embarassment and shame — it reduces the civilized man to the animal stage, making him do irrational, regretful, unforgivable things. A leader is supposed to be absolutely in control of himself; how could he otherwise be entrusted with the task of leading others? This leaves the leader in a paradoxical situation in which he must, on the one hand, make it absolutely clear that he is in possession of a large fallos, and in a further sense that he is manly, virile, powerful. On the other hand, he must make it absolutely clear that he is not controlled by it. Donald

Trump's presidency seems to be defined by this profound dilemma.

Postmemory

In the article "The Generation of Postmemory," Marianne Hirsch re- flects on the renewed interest in memory — a phenomenon which she relates to a pronounced discontent with the dichotomy between history and memory. Whereas Raul Hilberg — in his monumental work *The Destruction of the European Jews* — notoriously discounted oral testimonies, because of the difficulty in verifying them, Hirsch argues that the emergence of "testimony projects and oral history archives, the important role assumed by photography and performance, the ever-growing culture of memorials, and the new museology — are all testament to the need for aesthetic and institutional structures that might be able to account for … knowledge absent from the historical archive (or perhaps merely neglected by traditional historians) … For better or worse, these supplemental genres and institutions have been grouped together under the umbrella term 'memory.'" Writing within the context of Holocaust studies, Hirsch uses the term 'postmemory' to

Postmemory
Starved prisoners in concentration camp in Ebensee, Austria. 1945

capture the experience of grappling with the after-effects of a traumatic history that is not easily rendered to the present. 'Postmemory' signifies the experience of being overwhelmed and overshadowed by previous generations' histories and experiences. Hirsch thus stresses the centrality of memory — the complexities of which are contained in the term 'postmemory' — when it comes to rendering the traumatic experiences between first-generations and second-generations of the Holocaust.

Prisoner

The prison, and a number of other institutions up through the 19th century (e.g. the asylum, the orphanage, the poor people's home, the hospital, the school), was pivotal in the formation of a new kind of subjectivity, a normative body ideal that transformed criminals into law-abiding citizens. According to Michel Foucault, the word 'criminal' itself underwent a transformation; from being largely understood as something referring to an act of wrong-doing, the 'criminal' of the 19th century was expanded to include the bodies that did not adhere to the normative body ideal — including unemployed, vagrants, drifters, beggars, mentally disabled, and noisy or lazy children. Through bodily control and disciplinary techniques in the prison, the docile and submissive subject is created,

Prisoner
Mormon polygamists in a Utah Penitentiary. circa 1889

one that is capable of maintaining a normative life: the caring father, the productive worker, the brave soldier, the well-behaving student, the loving mother, the good daughter and the loyal son. The social institutions of the 19th century played a crucial role in the creation and naturalization of a new kind of subjectivity, a normative body ideal.

Protesting Bodies

Self-immolation is one of the most spectacular and spectacularly self-sacrificing methods of political protests. The term refers not only to acts involving the burning of the body, but also other forms of suicidal acts, including jumping off a very large building or cliff, stabbing oneself with a knife (seppuku), jumping in front of a vehicle, starvation. In contrast to suicide bombings, the act is entirely symbolic in the sense that it does not involve a physical attack upon the enemy, yet may have huge impact as an inspirational example — e.g. Mohamed Bouazizi's self-immolation that became a catalyst for the Tunisian Revolution, and in a wider sense the Arab Spring. Probably the most iconic act of self-immolation involved the Vietnamese monk Thich Quang Duc, who in 1963 put himself on fire in the middle of Saigon in protest against Vietnam's persecution of Buddhists. The image of the burning monk, sitting in lotus position surrounded by flames, went around the globe and contributed to the downfall of the Diem regime. Back then, Beijing praised the monk's suicidal act and used it for propaganda purposes against US imperialism. These days, however, Beijing tend to describe acts of self-immolation (especially in Tibet) as crimes. Since 2009, 145 Tibetans have self-immolated in Tibet and China.

Refugee

Hundreds of thousands of refugees are potentially about to leave their broken homes in order to find a better life elsewhere. Giorgio Agamben argues that the refugee is typically understood as a temporary figure, someone who may come for a limited period of time, but will go home after a while. But to Agamben, the refugee identity has become a permanent identity; for example, many of the refugees who crossed the Mediterranean sea have permanently lost their legal connection to the state supposed to ensure their rights. The refugee is thus a disturbing element because he or she reminds us of the fictitiousness of the nation state's sovereignty; the sense of natural belonging, 'this is my place, I have a natural, divine right to

Refugee
Turkish refugees from Edirne. 1913

this place' — and yet, the refugee, who may once have felt precisely the same, holds up the uncanny mirror in which we recognize the illusion of such a sense of natural belonging. Oftentimes, however, the experience of 'this could be me', tends to be repressed by the reaction: 'this person has nothing to do with me, it is his own fault, don't trouble me, go somewhere else'.

Replicant

One of the most debated issues in connection with Ridley Scott's sci-fi masterpiece *Blade Runner* is whether Deckard — the protagonist, played by Harrison Ford—is a replicant or not. Allegedly, Ford was strongly opposed to Scott's decision to include the famous unicorn scene in the film, which apparently confirms that Deckard — like Rachael — possesses "implants," synthetic memories; a scene anticipating the film's ending, during which Deckard finds an origami unicorn left by detective Gaff, who thus reveals that he knows about Deckard's real identity — that he is in fact a replicant. *Blade Runner* explores the irony of the moment when The Tyrell Company's motto, "More Human

Than Human," literally becomes true — that is, the creation of a *perfect* human being, without flaws, imperfections (i.e. all that which, in a sense, makes human beings *human*); a stronger, more intelligent, noble, beautiful, even — ironically — more passionate, and emotional creature. By contrast, the humans in *Blade Runner* are portrayed as clearly inferior, suffering from all kinds of maladies and defects, such as alcoholism (Deckard), ageing (J. F. Sebastian), poor eyesight (Tyrell), decadence (Taffey Lewis), and lack of emotions. Even the world they inhabit seems to be in a state of shut-down — as if having survived a major climate catastrophe; a postmodern world no longer *progressing* but *deteriorating*. The paradox of this motto — "More Human Than Human" — becoming literally true constitutes the entire raison d'etre of the blade runner squad; the right to kill another form of life.

Sadism

Marquis de Sade's writings about torture, violence and perversions of the human body were — not surprisingly — put on the Papal list of banned books, the *Index Librorum Prohibitorum*. But de Sade's texts are not simply about feasts of sinful orgies or pathological possessions of the body. Sadism

Replicant
"More human than human."

— both the clinical term and de Sade's oeuvre — is not primarily about destruction and degradation. On the contrary, it should be understood as a (perverse) process of purification, of cleansing. After the brutal — indeed, *sadistic* — treatment of the body, all the filth will have gone; after this *rite of passage*, the body appears pure, indestructible, divine, immortal. To the sadist, bodies are made of frail, filthy and sinful material; torturing and disgracing the body merely confirms this. Once the torture no longer has an impact on the body — i.e. the point at which the screaming stops, the pain becomes too overwhelming, and the person either faints or dies — the body reaches this condition of absolute purity, indestructibleness. On a more general note — there is something semi-sadistic about our relation to celebrities. On the one hand, we adore and celebrate the celebrities like divinities, but on the other hand there is also a palpable collective desire to mock and ridicule these figures (especially on the internet), as if we want to 'distil' the transcendental essence out of their common bodies, what makes them special and different from the rest of us — or, if they don't survive this onslaught, confirm that 'they were just like us, after all'.

Saliva

According to John 9:6, Jesus heals a blind person by using saliva mixed with earth. Saliva is often designated a magical or superstitious effect, for example spitting to one's left side in order to avoid accidents. In Nordic mythology, Kvaser emerges from a cask of saliva. Spitting is also used to show disrespect, for example in a sports game when players spit at each other — or in the school yard, or at a political rally. After losing everything, Job says: "They detest me and keep their distance; they do not hesitate to spit in my face" (The Book of Job, 17:6). If someone starts to dribble in a movie, this may either signal: A) the person is very hungry and suddenly sees a delicious steak B) a zombie or C) the person is insane or perverse and wants us to understand that he/she is insane or perverse.

Sex

Michel Foucault argues that 'sex', throughout the 19th century, becomes a crucial tool in the creation and understanding of what it means to be a subject. Far from being a concept in response to which power exerts prohibitive measures, 'sex' is the history of a creative, productive force, a crucial part of power's operative dynamic. Foucault writes: "the notion of 'sex' made it possible to group together, in an artificial unity, anatomical elements, biological functions, conducts, sensations, and pleasures, and it enabled one to make use of this fictitious unity as a causal principle, an omnipresent meaning, a secret to be discovered everywhere: sex was thus able to function as a unique signifier and as a universal signified." As a pivotal component of biopolitical power, the concept of 'sex' replaces the metaphysics of the soul; it becomes the *essence* of what makes up personal identity — all that we are. It thus constitutes an important tool for power, whose efficiency consists in the dynamic by which the subject is induced to manifest its 'sex' in an attempt to *avoid* power,

understood here as a discourse of denial or prohibition, in order to reach itself, the innermost secret of one's self; "It is through sex — in fact, an imaginary point determined by the deployment of sexuality — that each individual has to pass in order to have access to his own intelligibility … to the whole of his body … to his identity."

Shit and Urine

Shit and urine, much like the genitals, are often connected to taboos, i.e. something that must be kept hidden or out of sight. Even linguistically, we tend to rewrite shit and urine euphemistically, as in 'fecal matters', 'discharge', 'number two' or 'droppings'. On the other

Shit and Urine
Atomic bomb. 1945

hand — and precisely because of the many euphemisms — there are many hyperbolic expressions: 'assquake', 'bust a grumpy', 'crank an Eight Ball', 'drop a bomb'. The expression 'bullshit' is typically something referring to rubbish, nonsense or waffle. 'Shit' is often used in connection with a bad experience of some kind (e.g. stepping on dog poo). Lavatorial language — itself a metaphoric expression — is uneducated or uncultured talk, also sometimes called 'toilet poetry'. In the Freudian division of the child's developmental stages, the anal phase is the period during which the child is fixated on its feces, and gradually learns how to control when/where to 'drop it'. To Freud, our somewhat infantile reaction to shit and urine in adulthood (our euphemistic or hyperbolic way of addressing it) shows that we are still to some extent linked — perhaps anxiously — to the anal phase.

Sitting

Usually, it is more comfortable to sit down. Thus, it is often a gesture of kindness when someone offers a seat, e.g. in a subway or in an office. The guest of honor at a party is usually someone sitting down, while the rest stand up to applaud. In some cultures, it is considered rude to keep seated while greeting

Sitting
Birthday party. 1980s (*Kheel Center*)

a person. To sit down, while others are standing, sometimes has a symbolic function, e.g. a show of power, respect, authority, rank, dignity. The chair is an ancient symbol of power, e.g. the throne upon which the king or God rest, or simply "daddy's chair," in which no one is allowed to sit. At some universities, the leader of a department is called "Chair." The bishop's chair was called "Cathedra" — hence the name "Cathedral." When the pope speaks from the chair, *ex cathedra*, everything is supposed to be true. One may also preside over a meeting, which comes from 'ex' (before) and 'sidere' (to sit); this is also where the word 'president' comes from. A 'taburet' refers in some countries to a ministerial office, and derives from an old French tradition according to which the king allowed some people to sit close to him — but only on stools, or taburets (with no backrest or armrest). The 'bench' is another, similar, term for a seat close to the main seat (e.g. in the English parliament). Today, to sit down is sometimes used as a gesture of protest; e.g. during sit-down demonstrations (which may even include protesters chaining themselves to, say, a fence). In 2013, the Russian artist Petr Pavlensky nailed his genitals to the pavement of Moscow's Red Square in a sit-down protest against what he called "the police state."

Size

In *Leviathan*, Thomas Hobbes observes that even the smallest person may kill the largest, and vice versa; the dumbest person may kill the cleverest. No individual feature will save you from potential danger: size, strength, intelligence. In pre-historic societies, however, the biggest and strongest person automatically became the tribe leader, until he would be slain by an even stronger and bigger man. That we still to some extent operate with a slice of this primitive logic of size is evident in our language and our body language; we use 'your highness' to a royal person, who may very well be physically small. We talk about lower classes or people, who may be physically very big. We 'look up' to something, or 'highly' respect something or someone — everything that is 'great' and 'grandiose'. Conversely, we may 'look down' on small-minded people, petite bourgeoisie, petty grievances, low humor. Someone 'grows' in the eyes of another person, if he or she does something admirable. To show respect or submissiveness, one bows or kneels — and thus literally makes one smaller than the person in front of you. Prisoners-of-war or

Size
Leviathan. 1651

protesters caught by the police are often seated on the ground with their hands above their heads.

Sleeping Bodies

Many people have at some point in their lives experienced the curious condition of being unable to tell whether they were awake or still asleep — perhaps while encountering a talking cat on their way back from an evening of heavy drinking; but more likely on a Monday morning chained to the office desk. In today's society we find a whole industry based around the simple desire of staying awake; not only in the form of spiritual or political programs designed to keep the Other at a distance, but also in the more tangible appearance of an infinite number of different coffee brands, vitamin injections, energy drinks, pills and capsules — all of which is designed to keep us ever more focused, competitive, intense, and awake. At the same time, the sheer excessiveness of this industry suggests that the fear of a state of pure habit is more acute than ever; or — to go one step further — that the concern about staying awake is rivaled, perhaps even superseded, by the desire to properly wake up. This perhaps explains our deep fascination with zombie movies; there is always something slightly uplifting about seeing a colleague or a neighbor a little more anesthetized than oneself. As the Slovenian philosopher Slavoj Zizek points out, the zombie is typically someone we used to know, perhaps even someone close, like a wife, father or a mother — now transformed into a sleepwalking, soulless being that persistently drags itself around while spreading fear and death. Transformed but not entirely unrecognizable: a character to which we are bound in a relationship of horror and compassion. The zombie is still a human, albeit one lacking what we usually regard as the human dimension; they are figures of pure habit. Implied here is the notion that at some elementary level of human identity we are all figures of pure habit; that is, at some level we are nothing but a set of habitual rites and gestures (e.g. walking, breathing, eating), performed mechanically, as if we were asleep. This elementary level enables us to carry out "higher" cognitive activities — for example, being aware that we are not sleeping; an awareness of walking, breathing, eating. Thus, the "shock of encountering a zombie," Zizek continues, "is not the shock of encountering a foreign entity, but the shock of being confronted by the disavowed foundation of our own human-ness."

Speed

Today, it is almost as if space has become smaller due to the increase of speed in nearly every aspect of human life: transport, communication, work etc. In the era of jet flights, the time it takes to travel from the East Coast of America to mainland Europe has decreased to less than ten hours, compared to somewhere around 30 days in the 19th century. Probably this figure is going to decrease even further in the near future. The highly accelerated processes of modern life have led worries about depression and other mental diseases; the fear of falling into a hopeless web of lethargy as a consequence of reaching the maximum limit of what the human body may be able to tolerate in terms of speed and acceleration. But as Hartmut Rosa points out in his book *Social Acceleration*, it is questionable whether such symptoms in fact are connected to our days' excessive developments of speed and acceleration. When the railway train was invented, medical scientists believed that the human body could not endure speeds over 25 km/per hour, without suffering terminal damage. Travelers on the first railway trains did in fact feel nausea while looking through the window at fast-moving landscapes. But subsequently we know that this was due to the fact that people looked too 'closely' — that is, at the immediate landscape outside the window, instead of fixing the gaze at a point further away. If any travelers today feel nausea, this is most likely to occur before the journey has even begun; e.g. when the loudspeakers announce that the train will be delayed by thirty minutes due to construction work. Standstill, in other words, is more likely to cause depression and other mental diseases — than speed.

Spornosexual

Apparently, the term 'spornosexual' was coined in 2014 by *The Daily Telegraph* journalist Mark Simpson to describe unemployed young people, who in the wake of the financial crisis trained their bodies to look like sports and pornstars — in order to appear successful. Often, this involves photoshopping their images posted on Instagram and Facebook to create the perfect digital body (numerous homepages offer advice on how to cheat and manipulate with angles, poses, and filters to get the hair, skin tone, makeup etc. correct). The selfie has been replaced by the healthie: photos of healthy food, healthy activities, healthy bodies, healthy everything. That these sports and pornstar body ideals are entirely unrealistic for most people goes without saying. Yet, in today's digital age the body has become a brand, one's ticket to a successful career, happiness and fulfilment. More ominously, the new body ideology also serves the purpose of demonizing those who explicitly deny or fail to live up to it. It is an ideology born out of an extreme version of neoliberalism; a fanatic, puritan-moralistic belief in the individual's body as a streamlined commodity with a specific market value, the opposite of which is the nightmare of today's society: that is, being fat, unemployed, sick, friendless, lonely, boring, unhappy, poor. But if you're there, in that state of misery, it won't help you to look at Facebook for friends: here you will find, instead, photoshopped images of successful, healthy people — the spornosexuals— who will tell you that it's all your own fault.

Standing

The standing position often expresses deference, veneration, and respect — for example in religious, national or social situations. On national memorial days, people sometimes stand quietly for two minutes. During church service, it is likewise tradition to stand up when the gospel texts are read aloud. We stand up when the famous speaker enters the room, or in church when the married couple leave after the ceremony. Thus, the standing position may also be an expression of tribute; for example when someone salutes another person. When a sports game — or another event — becomes exciting, people often stand up, perhaps applauding, hence the expression 'a standing ovation'. Standing may also be a gesture of politeness, for example young people showing respect to older people, men to women, students to teachers. The standing position is often a submissive position, for example the standing student in the principal's office, or the accused in front of the judge. The word 'standing' comes from the Latin word 'stare' — from which a series of words are derived; standard, stage, state, stately, status, stature etc. That is, words that express some kind of immobility, steadiness, authority and dominance. Portraits of rulers (e.g. King Henry VIII of England) are often depicted standing, often with their legs slightly spread apart — as if saying: 'I'm the leader around here!' When the Japanese commander -in-chief signed the the document in which Japan declared its unconditional surrender in 1945 onboard the American battleship 'Missouri', he was sitting down — his body language hunched and head bowed — all the while General Mac Arthur relentlessly

Standing
Portrait of Henry VIII by the workshop of Hans Holbein the Younger. 1537–1547

stood right in front of him, walking freely, almost nonchalantly.

Stomach

The stomach is connected to the idea of a center of a person (e.g. solar plexus), and with materialism, appetite and prosperity. It may also be interpreted as the seat of life, for example in Japan; the Japanese ritual suicide, harakiri, involves stabbing oneself in the stomach with a sword, that is, the center of life. Obese gods, for example the Hindu elephant god Ganesha, and many depictions of Buddha, often symbolize prosperity, affluence, as well as meditative insight. The stomach may also be seen as symbol of a cave, or with the underworld, crime (e.g. "the underbelly of a city"), or the womb — as the myth of Jonas in The Old Testament, which tells the story of the prophet staying three days in the stomach of a whale, before he is reborn. In Francois Rabelais' *Gargantua and Pantagruel*, Gargamelle eats intestines filled with feces, which causes stomach problems, and which leads to the birth of a strange creature.

Suicide

"For a long time, one of the characteristic privileges of sovereign power was the right to decide life and death," writes Michel Foucault in *History of Sexuality*, a text outlining the emergence of a new form of power — one that articulates itself in two forms related to the body: discipline and biopower. This power is, if not opposed, at least different from the previous kind of power embodied by the sovereign, whose power in the end, writes Foucault, "was essentially a right of seizure: of things, time, bodies, and ultimately life itself; it culminated in the privilege to seize hold of life in order to suppress it." The sovereign's power is according to Foucault basically the right to demand the subject's life insofar as the sovereign's power is threatened, internally or externally. This right to take life and let live gradually changes during the 17th century to "a power to *foster* life or *disallow* it to the point of death." Foucault describes this change that occurs in the power structure as "nothing less than the entry of life into history, that is, the entry of phenomena peculiar to the life of the human species into the order of knowledge and power, into the sphere of political techniques." What power "demanded and what served as an objective was life, understood as the basic needs, man's concrete essence, the realization of his potential, a plenitude of the possible." This also means that individual death

Stomach
[Top]Gargantua by Honoré Daumier. 1831
[Bottom]Russian illustration of Gargantua. 1901

Suicide
[Top]Leipzig Suicides. 1945
[Bottom]The Suicide by Alexandre-Gabriel Decamps. circa 1836

becomes a symbol of the limit of power. Whereas suicide was a crime during the rule of the sovereign, it now becomes an individual and private right. Foucault writes: "This determination to die, strange and yet so persistent and constant in its manifestations, and consequently so difficult to explain as being due to particular circumstances or individual accidents, was one of the first astonishments of a society in which political power had assigned itself the task of administering life." The individual right to die, this strange determination to command one's own death constitutes one of the few moments during which life's autonomy may manifest itself, where it may escape, momentarily, the smothering hands of power.

Tattoo

Tattoos, along with body painting and piercing, classic examples of decorating the body. It is a word stemming from Tahiti, and means "sign, decoration." It is frequently used among men in Polynesian culture, for example New Zealand's Maori people, and it may also be part of a ritual function, e.g. rites of passages, as well as signalling rank or marital status. Tattoos are often used to intimidate, but may also symbolize protection, or strength (for example the notion of transferring the strength of a lion by tattooing an image of a lion). Facial tattoos are used in some parts of Asia, and is still used among female beduins. Sailors often get tattoos, as well as Bikers and prisoners, which previously set them apart from ordinary people. But nowadays, it is quite common to get tattoos among both men and women from all classes of society. Among the most popular motives are snakes, dragons, octopuses, roses, ships, skulls, viking patterns, the word "mother" — and even fake Russian prison tattoos. Sometimes Westerners like to get tattoo with Chinese signs, i.e. something that looks mysterious (to people who do not read Chinese), and which sometimes produces hilarious and embarassing outcomes, like the professional basketball player Shawn Marion's tattoo, which was supposed to read "The Matrix" (his nickname), but which actually means demon, bird and camphor (the active ingredient in mothballs).

Tongue

The tongue is a many-facetted symbol, often associated with scorn and aggression, intimacy, the phallus, language, speech and song. The tongue is sometimes used to designate language as such. It is used in a series of sayings, like "Bite your tongue," "Cat got your tongue?", "on the tip of the tongue,"

Tattoo
[Top]First Tattoo. 2009 (*Tony Alter / Wikimedia*)
[Bottom]Face tattoo on a Maori. 2010

Tongue
Goddess Kali. 2007–2009 (*Piyal Kundu / Wikimedia*)

and "to speak with a forked tongue." To stick one's tongue out can mean many different things, depending on the cultural context. For example, scorn. To Maori people, however, the gesture is used as part of a ritual dance. Often, their wooden figures have tongues sticking out, which symbolize strength and challenge. In some parts of East Asia, it may be understood as a positive greeting. The Hindu goddess Kali is often depicted with her tongue sticking out, symbolizing both creation and destruction. The god of fire, Agni, has seven red tongues, while in Far East Asia one often sees demons and figures protecting against demons with tongues sticking out. Also in Greek masks is this a frequent characteristic. Throughout history, to cut off the tongue is often used as punishment for lies and slander (probably most frequent in illiterate societies). This is probably also why the snake, with it's hissing tongue, at least since The Old Testament has been seen as a deceptive creative. In fairytales, to cut off the tongue of the dragon or the troll symbolizes the hero's victory, and monsters more generally are typically portrayed with giant, phallic tongues. To lick one's lips is often a sexual gesture — or simply a hungry person, or a sadist about to hurt someone.

Touch

What does it mean to be touched? One is touched by something or someone. To recognize someone else often involves touching; is it really you, do my eyes deceive me? We feel each other by stroking, caressing, groping, fondling,

Touch
Emotional hug. 2010 (*Cancer Research UK / Wikimedia*)

cuddling, scratching and patting with our hands. Touching, in other words; the kind hand that touches someone's shoulder. An invisible force seems to emanate from the hand; with our hand we bless someone else, we consecrate and heal bodies, and sometimes exorcise evil spirits. Rituals of confirmation, ordination, initiation, baptism all involve touching. When we lay our hand on the holy book, touch relics, knock on the table, or simply touch wood — we receive a power of some kind by way of touching. Touching another person may involve a request, a prayer, or a commitment; but it may also be a threat — 'stop right there', 'come with us', or 'you're under arrest'. You touch your stomach when it hurts, or your head — as if your hand had some kind of healing power. To touch one's hands may have a calming effect in despairing situations, like the folded hands of a praying person. In Ancient Rome, the handshake represented agreement, promise, confirmation, understanding, arrangement, alliance. In particular, the handshake was a symbolic expression of love, engagement, wedding and marriage: 'may I take your hand?'

Today, the handshake means something a lot less solemn; we use it in a lot of different situations, almost per reflex; hello, goodbye, thank you, congratulations. But there is still a certain kind of symbolic power involved in a failed handshake, either intentionally or unintentionally. For example, when the American president Barack Obama visited Downing Street 10 and spontaneously shook hands with the police officer at the entrance. The police officer, emboldened, then offered his hand to Gordon Brown who followed just behind Obama. Brown clearly didn't see any hand and simply nodded politely, after which he proceeded through the door, much to the amusement of the public.

Vampire

According to The Oxford English Dictionary, vampires "are supposed to be the Bodies of deceased Persons." The vampire's corpus is a dead human body, which at the same time is alive. The vampire's body is thus a transgressive body. The heartbeat and breathing have ceased, which is why the vampire always looks pale. The vampire requires nourishment, like the human body, to exist; it survives on human blood. In order to reproduce itself, it 'contaminates' a human being with its sharp teeth,

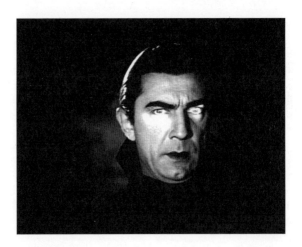

Vampire
Screenshot from Dracula. 1931

the trade mark of a vampire. But the vampire is also transgressive in other ways; for example, it may transform itself into a bat or another nocturnal animal. The vampire myth is rooted in folklore; it has generally been perceived as a symbol of evil. During the 19th and 20th centuries, the vampire became popular in literature — especially through Bram Stoker's classic novel *Dracula* (1897). In Stoker's novel, Dracula is both a symbolic figure of sexual anxiety fantasies and a seducer of the people; he is, in other words, an attack on the bourgeoisie. The sexual aspect of Dracula is underlined by women's trance-like submission, the penetration of the teeth, and the exchange of body fluids. The vampire is here an expression of a sensous, illegitimate sexuality and monstrosity that must be destroyed in order for society to exist. Dracula's army of swarming rats shows the vampire as a carrier of a lethal disease; this nightmare scenario was a few decades later used in the Nazi propaganda movie *Der Ewige Jude*, which both in narration and images compared jews to contaminating rats, infecting the western world.

Virtual Bodies

Hatsune Miku is the world's greatest virtual pop star. She appeared on *Late Show with David Letterman*, and performed as the opening act for *Lady Gaga*, while has Pharrell Williams remixed her music; in 2011, she had 100,000 songs to her name, as well hundreds of thousands of videos on Youtube. Launched in 2007 by the Japanese Company Crypton Future Media, Hatsune Miku is virtual character personifying a software program (Vocaloid) that enables fans to compose music, lyrics, videos, dance moves — all of which Hatsune Miku will perform at concerts that attract massive crowds. As a virtual body, Hatsune Miku never changes, always delivers, and pleases the fans with shows of which they themselves are co-creators. Unlike Beyonce or Rihanna, she never grows old; forever the manga schoolgirl, Hatsune Miku is the perfect package in an age of technological mass reproduction. Perhaps she is the inevitable product of the internet, the strange yet obvious offspring of a world increasingly ruled by algorithms, networks, anonymous twittering, trolls; the democratization of art no longer chosen by the establishment, the 'experts', but by the people. Perhaps; a figure heralding an age of radical democracy, or a fluorescent, golden calf announcing the end of a world about to sink into collective stupidity.

Weakness

According to the Old Testament, Samson was chosen by God to liberate the Israelites from the tyranny of the Philistines. In the Book of Judges, it says that the Philistines had Delilah tease out of Samson what made him so strong. Being very forthright, Delilah asks Samson: "Tell me the secret of your great strength and how you can be tied up and subdued." Samson tricks her, but Delilah won't stop. After the third time of being tricked, Delilah finally persuades Samson to tell her: it's the hair. Cunningly, Delilah makes him fall asleep between her knees, and softly calls a man who cuts off Samson's seven locks of hair. Samson gradually becomes weaker, and when he has lost all his powers, the Philistines gouge out his eyes, and bring him to Gaza where they put him in chains. But the hair grows out, and the last thing Samson does is to overturn a temple, killing three thousand Philistines (as well as himself). Samson becomes physically weak the moment his hair is cut off, but mentally his weakness is evident long before: he knows from the beginning that Delilah's only intent is having him tied up and subdued by the Philistines, yet he cannot resist her. About Delilah,

Weakness
Samson and Delilah by Peter Paul Rubens. 1609–1610

the story doesn't report much apart from the fact that she received eleven hundred silver pieces for her deed. She has become a figure of a cunning femme fatale, an evil temptress, although John Milton portrays her as sympathetic, albeit foolish, character (similar to his interpretation of Eve). But receiving silver is never a good thing in the bible; it is the ultimate expression of sinful weakness.

Witch

In his first letter to the Corinthians, Paulus writes: "Does not the very nature of things teach you that if a man has long hair, it is a disgrace to him, but that if a woman has long hair, it is her glory? For long hair is given to her as a covering" (11.14-15). The medieval Christian church believed that the demonic powers of witches and wizards stemmed from their hair, and that they were immune to God's word as long as they were in possession of their hair. Thus, in France it became the tradition to shave individuals accused of witchcraft or wizardry before being tortured. Millaeus witnessed a group of people in Toulouse, who were immune to any kind of pressure — until they were undressed and shaved (and tortured): finally, they confessed. A woman, who apparently had lived a pious and devout life, refused to confess until she was shaved (and tortured): finally, she confessed. The inquisitor Sprenger is said to have shaved only the heads of individuals suspected of dallying with the dark forces. His colleague, Cumanus, was considerably more thorough in his work: he personally shaved forty-seven women, before sending them off to the flames. It was also widely believed that the devil only had access to people with long hair — which perhaps explains why so many women were accused of witchcraft and burned at the stake. If traditional exorcism failed, one might use the technique favoured by the Holy Nobert in the beginning of the 12th century: to cut off a witch's hair and throw her into a pool of deep water (with her hands tied behind her back, of course). This allegedly would make the demon appear, or at least leave the body. It is claimed that no torture was necessary for this kind of technique. The medieval tradition of cutting off the hair of women perceived to be sinful still lives on, for example in the aftermath of wars, when women accused of having slept with enemy soldiers often have their hair cut off.

Witness

Reading Primo Levi's Holocaust testimony, Giorgio Agamben has the following rather paradoxical

Witch
[Top]Publicity photo for The Wizard of Oz. 1968 / 70
[Bottom]Witchcraft at Salem Village. 1876

observation about the figure of the witness: "The 'true' witnesses, the 'complete witnesses', are those who did not bear witness and could not bear witness. They are those who 'touched bottom': the Muslims, the drowned. The survivors speak in their stead, by proxy, as pseudo-witnesses; they bear witness to a missing testimony." To Agamben, the perfect witness — the absolute figure that has seen it all, all the crimes and horrors — is the dead witness, who qua being dead is unable to transmit his or her testimony. Thus, only silence comes from the perfect witness. Primo Levi himself wrote *If This is a Man*, which remains one of the most haunting accounts of life in Auschwitz during the Nazi regime. He died many years after the way, in 1987, after what apparently was an accident (a fall from his third-storey apartment to the ground floor), but which may have been a suicide — being no longer able to endure the traumas from the war. Elie Wiesel — another Holocaust survivor (who died in 2016) — said that "Primo Levi died at Auschwitz forty years later." Thus, in a sense, Primo Levi became at one and the same time a survivor, one of the saved; but also one of the drowned — a perfect witness, an absolute figure that saw it all, all of the crimes and the horrors.

Working Bodies

Charlie Chaplin's classic *Modern Times* portrays the hapless character Charlie — or, the Tramp, Chaplin's alter ego — comically and, at times, heroically, struggling to carve out an existence during the Great Depression in America. Among all the people in the film, he is the one constantly standing out, unable to fit in, incapable of adapting his individual personality to the mechanical rhythm of repetitive, anonymous work at the assembly line. The workers in the film get along well with the dull machine work; they fully understand their precarious political and economic situation, and hence the necessity of collective strikes and demonstrations against an exploitative system. Charlie, by contrast, is tragicomically unfit to carry out manual labor of any sort, let alone comprehend the social implications of his circumstances, the necessity of being part of a collective of individuals united by shared class interests. It makes little difference to Charlie whether he is fired by the factory owner or asked to go on strike by the workers' union; in either case, Charlie is without a job, and hence relegated to the streets. It is in this sense that *Modern Times* captures a nightmare scenario of the middleclass. Charlie may have ended up among the anonymous mass of the working class, but only by mistake. In reality, Charlie is the socially demoted middleclass citizen who in a time of economic crisis frantically tries to re-orient himself in an unrecognizable and hostile world; it is a world in which his disheveled, worn-out bourgeois suit—along with the characteristic cane and bowler hat — makes him look like a tramp. Utterly unprepared and unqualified to a ragtag existence of brutal survival in the streets, Charlie obstinately clings to the values of the middleclass — individualism, courtesy, dignity, love; he daydreams about owning a little house with a garden, about privacy, family idyll, freedom. In one of the film's most iconic scenes, Charlie roller-skates blind-folded in a giant department store, unaware that he's dangerously close to falling over the edge; it is an emblematic image of Charlie's (and with him, a whole generation's) social situation — a timeless image that has lost none of its poignancy today.

Working Bodies
Publicity photo of Charlie Chaplin for Modern Times. 1936

찾아보기

Index

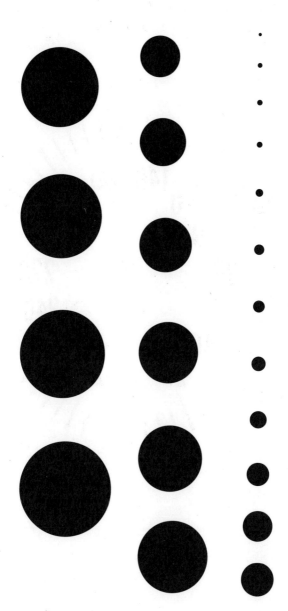

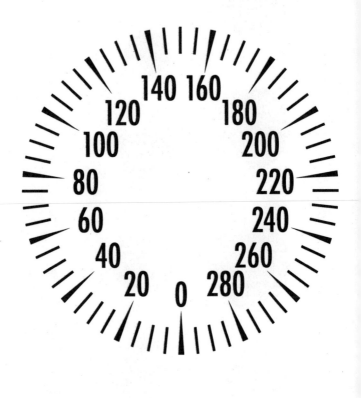

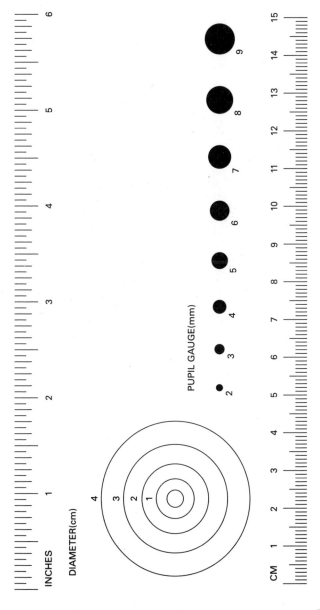

INCHES

DIAMETER(cm)

PUPIL GAUGE(mm)

CM

273

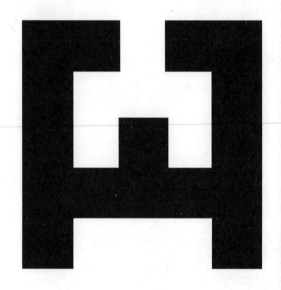

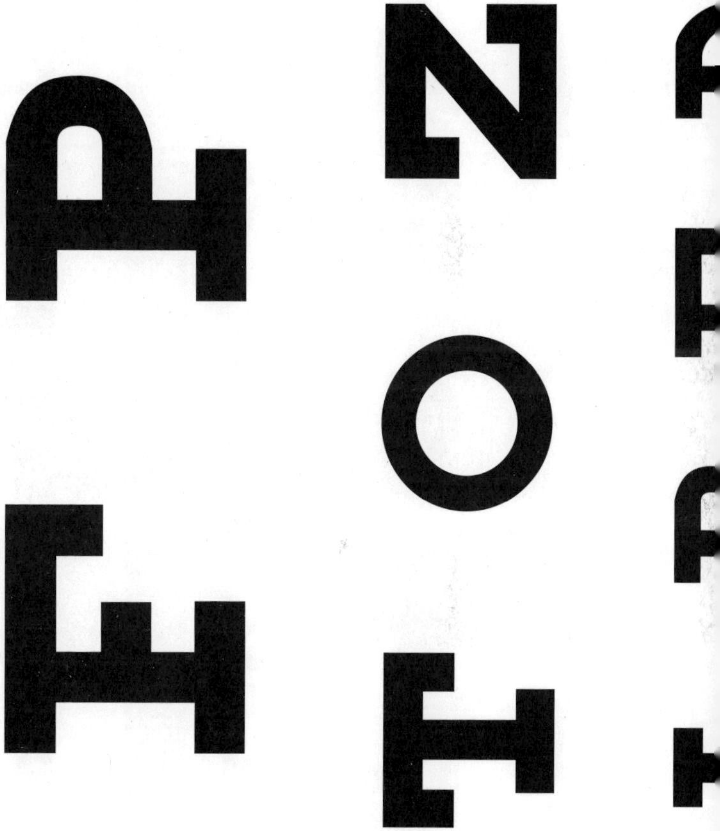

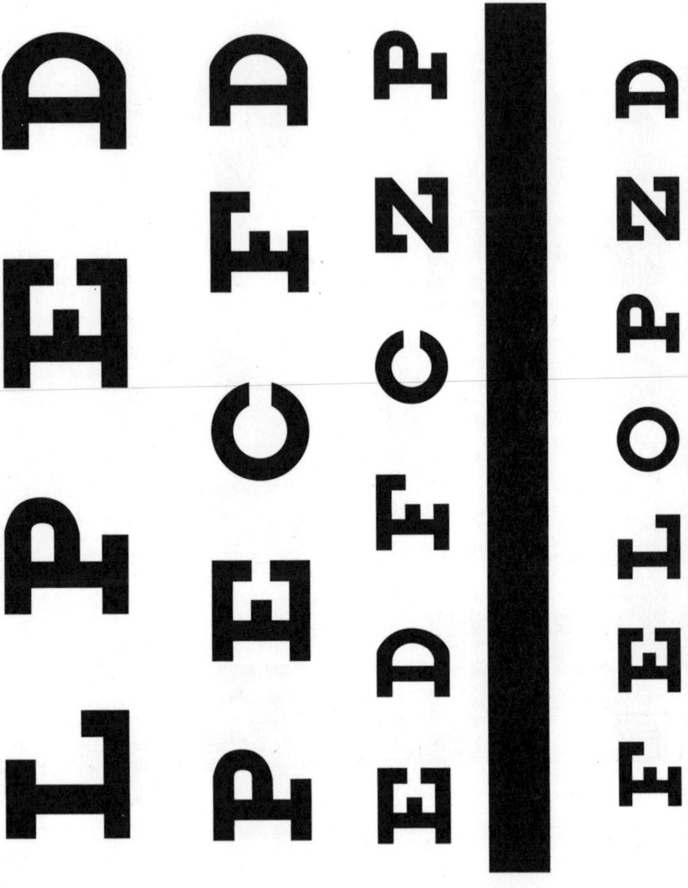

A E F P O T E C

L E F O D P C T

F A P L T C E O

P E Z O L C F T A

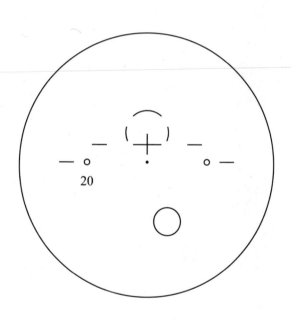

20

0	2	4	6	8	10
NO HURT	HURTS LITTLE BIT	HURTS LITTLE MORE	HURTS EVEN MORE	HURTS WHOLE LOT	HURTS WORST

0	1	2	3	4	5	6	7	8	9	10
No pain		Mild		Moderate			Severe			Worst pain imaginable

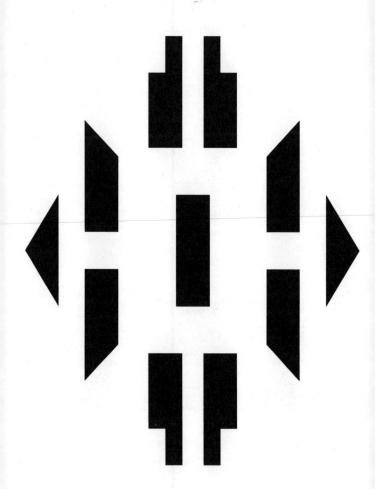

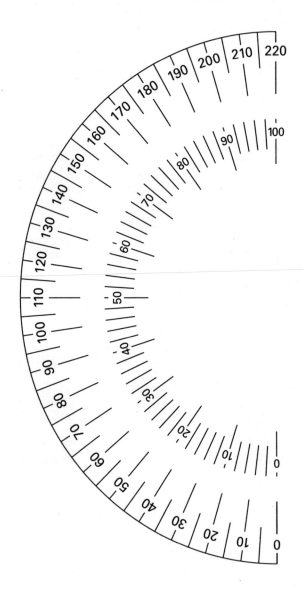

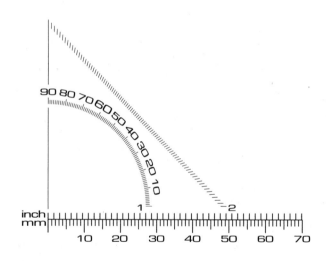

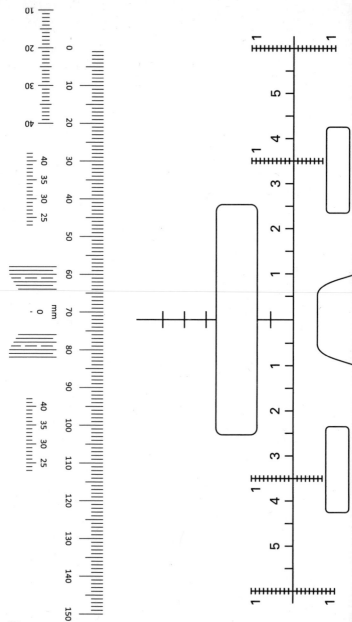

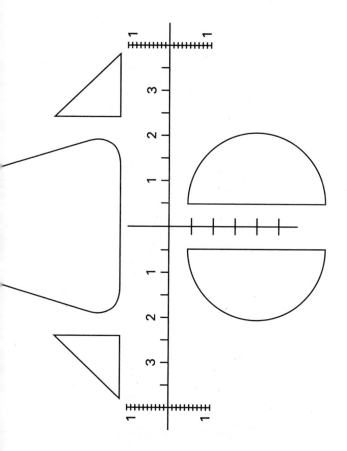

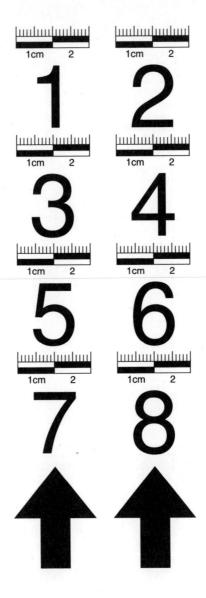

Graphic Tools for Body

감사의 말

이 책은 2017년 '몸과 타이포그래피'란 주제로
열린 전시 5회 국제타이포그래피 비엔날레
《타이포잔치》(2017. 9. 15~10. 29)의 사전 프로젝트의
일환으로서 '몸 사전'이란 이름으로 비매품 간행된
것을 단행본으로 재편집한 것이다. 여러 가지 이유로
당시 누락된 표제어와 내용을 되살렸고, 이미지를
조금 더 충실하게 수집하여 애초 기획 의도를
되살리는 데 중점을 뒀다.

본문은 한국어 부분과 영어 부분으로 반분되지만,
영어 부분은 한국어의 번역이 아니고, 독립적인
에디토리얼 원칙 아래 별도로 쓰였다. 두 가지 언어,
상이한 표제어와 해설이 연결된 조금은 독특한 편제의
사전인 셈이다. 몸을 둘러싼 다양한 문화 배경과
논점을 종합적으로 흡수하는 데 유리할 거란 바람을
가져 본다.

《타이포잔치》 안병학 총감독과 조직위원회,
(재)한국공예·디자인문화진흥원 관계자들의
동의와 후원이 아니었으면, 이 책은 나오기 힘들었을
것이다. 이 자리를 빌려 감사의 인사를 전하고
싶다. 사전이라는 책의 성격상 많은 분들의 참여가
요청되었는데, 실제로 여러 편집자와 필자들이 노력해
줬다. 리서치와 에디팅에 참여한 김홍구, 위지영, 일리
박 소렌슨, 로버트 조, 김선진 씨께 고마움의 인사를
드린다. 더불어 일정의 표제어를 제안하고 집필을
맡아 준 열 명의 필자들, 금정연, 김예령, 루인, 박진영,
양민영, 은하선, 이랑, 한유주, 황인찬, 황효진 씨께도
감사 인사를 드린다.

사전 형식을 취하고 있으나, 사전 서술의
통념(객관성)에 크게 얽매이지 않고 표제어 해설마다
필자들의 주관적 견해가 직접적으로 드러나는 짧은
에세이가 되도록 했다. 그래서 이 책은 몸과 그 문화에
대한 하나의 통일된 입장이 아니라, 여러 필자의 주장
혹은 경험이 교차하는 '편집물' 같은 것이 됐다.

페미니즘과 미투 운동의 시대적 흐름 속에 신체적,
성적 자기결정권에 대한 사회적 논의가 점차
활발해지는 지금, 이 책의 어느 부분이든 독자에게
긍정적 영감을 일으키는 자극이 되길 바라고,
기대하는 마음이다. 다시 한번, 도움을 준 모든 분들과
참여한 이들에게 감사한다.

필자

금정연
서평가. 지은 책으로 «서서비행», «난폭한
독서», «실패를 모르는 멋진 문장들»,
«볼라뇨 전염병 감염자들의 기록»(공저),
«analrealism vol. 1»(공저), «문학의
기쁨»(공저), «일상기술연구소»(공저)
등이 있다.

김예령
번역가. 레몽 라디게의 «육체의 악마»,
장 뤽 낭시의 «코르푸스: 몸, 가장 멀리서
오는 지금 여기», 나탈리 레제의 «사뮈엘
베케트의 말 없는 삶», 사뮈엘 베케트의
«세계와 바지/장애의 화가들» 등을
우리말로 옮겼다.

루인
퀴어 연구자. '트랜스/젠더/퀴어연구소'를
운영한다. «성의 정치 성의 권리»,
«여성혐오가 어쨌다구?», «퀴어인문잡지
삐라», «양성평등에 반대한다» 등에 글을
실었고, 수잔 스트라이커의 «트랜스젠더의
역사»를 번역했다.

박진영
심리학 연구자. 월간 «과학동아»에
"지뇽뇽의 사회심리학"을 연재한다.
지은 책으로 «눈치 보는 나, 착각하는 너»,
«심리학 일주일», «나를 사랑하지 않는
나에게», «내 마음을 부탁해» 등이 있다.

양민영
그래픽 디자이너. 출판사 '불도저프레스'의
발행인으로 옷에 관한 잡지 «쿨(COOL)»을
만든다. 외류 판매전 '옷정리', 익류 맞춤
프로젝트 '스와치 서비스'를 운영하기도 한다.
전시 «혼자 사는 법», «XS: 영스튜디오
콜렉션» 등에 참여했다.

은하선
칼럼니스트. 웹진 «이프»에서 "은하선의
섹스포지션"과 "언니, 섹스할래?",
경향신문에서 "은하선의 섹스올로지"를
연재했다. 지은 책으로 «이기적 섹스»,
«그럼에도, 페미니즘»(공저)이 있다. 퀴어와
여성을 위한 섹스토이숍 '은하선토이즈'를
운영한다.

이랑
음악가이자 영화감독이자 만화가.
앨범 «욘욘슨», «신의 놀이»를 발표하고
웹 드라마 «주예수와 함께», <오! 반지와
여신들이여>를 연출했다. 지은 책으로
«이랑 네컷 만화», «내가 30代가 됐다»,
«MY BIG DATA»(공저), «대체 뭐하는
인간이지 싶었다»가 있다.

한유주
소설가이자 번역가. 소설 «달로», «얼음의
책», «나의 왼손은 왕, 오른손은 왕의
필경사», «불가능한 동화» 등을 썼다.
줄리언 반스의 «용감한 친구들», 브라이언
딜의 «쓰레기» 등을 우리말로 옮겼다.
출판사 '올리포프레스'를 운영한다.

황인찬
시인. 시집 «구관조 씻기기»와 «희지의
세계», 수필집 «시인의 사물들»(공저),
«22세기 사어 수집가»(공저), «나는 매번
시 쓰기가 재미있다»(공저) 등을 썼다.
퀴어 작가들의 시선집 «우리가 키스하게
놔둬요»를 엮었다.

황효진
에디터. 웹진 «아이즈»에서 기자로
일하며 여성과 미디어에 대한 글을 썼다.
현재 다양한 매체에 기고하며, 여성의
생활을 이야기하는 프로젝트 팀 '4인용
테이블'에서 활동 중이다. 지은 책으로
«아무튼, 잡지»가 있다.

바디 북
— 몸, 욕망과 문화에 관한 사전

Body Book
— Dictionary of Body, Desire & Culture

초판

2018. 5. 31

May 2018

기획

김광철
이마빈

Editors

Kim Kwangchul
Lee Marvin

편집

김홍구
위지영
일리 박 소렌슨
로버트 조
김선진

Co-Editors

Kim Honggoo
Wi Jiyoung
Eli Park Sorensen
Robert Joe
Vincent Guimn

필자

금정연
김예령
루인
박진영
양민영
은하선
이랑
한유주
황인찬
황효진

Contributing Writers

Keum Jungyeon
Kim Yeryung
Ruin
Park Jinyoung
Yang Meanyoung
Eunhasun
Lee Lang
Han Yujoo
Hwang Inchan
Hwang Hyojin

북디자인
헤이조

Book Design
Hey Joe

프로파간다
서울시 마포구 양화로 7길 61-6
T. 02-333-8459
F. 02-333-8460
www.graphicmag.co.kr
graphicmag@naver.com

propaganda
61-6, Yangwha-ro 7-gil,
Mapo-gu, Seoul, Korea
T. 82-2-333-8459
F. 82-2-333-8460
www.graphicmag.co.kr